西方英语系大国杰出公司企业文化研究系列

企业文化与商业模式研究
——对话美国中小企业家

李文明　孙炯光　赵　悦　著

科学出版社

北　京

内 容 简 介

本书基于力求多样性、争取有特色和一定可借鉴三个主要原则，从美国本土选取了七家中小型的企业作为案例，以实证分析的方式深入研究它们的企业文化和商业模式。此外，本书还以面对面访谈的形式与每家企业的 CEO 进行交流，通过这种交流深入挖掘美国企业家对企业文化的看法以及这七家企业 CEO 各自独特的管理经验。本书的研究特点如下：①不做理论上的探讨，只注重应用价值；②直接自目标公司获取资料；③与企业 CEO 进行直接和深入的面谈；④在本书中融入针对企业文化管理、企业战略管理、企业团队管理、领导力管理等方面多年研究的心得；⑤在本书中融入很多关于美国经济文化和社会发展现状的介绍。

虽然本书适合企业管理方面的专业研究生和 MBA 阅读，但是我们将之定位的目标群体主要还是企业家，以及企业的高管。

图书在版编目（CIP）数据

企业文化与商业模式研究：对话美国中小企业家/李文明，孙炯光，赵悦著. —北京：科学出版社，2016.9
　（西方英语系大国杰出公司企业文化研究系列）
　ISBN 978-7-03-049978-3

　Ⅰ.①企… Ⅱ.①李… ②孙… ③赵… Ⅲ.①企业文化-研究-美国②企业管理-商业模式-研究-美国 Ⅳ.①F279.712.3

　中国版本图书馆 CIP 数据核字（2016）第 227541 号

责任编辑：魏如萍 / 责任校对：李 影
责任印制：张 伟 / 封面设计：无极书装

科 学 出 版 社 出版
北京东黄城根北街 16 号
邮政编码：100717
http://www.sciencep.com

北京教图印刷有限公司 印刷

科学出版社发行 各地新华书店经销
*
2016 年 9 月第 一 版 开本：720 × 1000 B5
2017 年 8 月第三次印刷 印张：10 1/2
字数：210 000

定价：**68.00 元**
（如有印装质量问题，我社负责调换）

前　　言

　　《企业文化与商业模式研究——对话美国中小企业家》是《美国杰出公司企业文化研究》的姐妹篇。在《美国杰出公司企业文化研究》一书当中选取美国顶级的十家企业作为研究对象，重点分析这些企业之所以能够兴旺发达、持续成功的重要原因及其在企业文化管理方面的独特设计。而本书则从美国本土选取了另外七家中小型的企业作为研究对象，并以访谈的形式与企业首席执行官（chief executive officer，CEO）进行了交流，以实证分析的方式研究其所在公司的商业模式、企业文化以及各自的管理经验。本书的目的在于通过前者解析美国大型和特大型公司的企业文化与商业模式，通过后者解析美国中型和小型公司的企业文化与商业模式，如此就可以立体地和全面地为中国的企业家和企业管理者比较全面地介绍美国大型、中型、小型企业的企业文化建设与管理经验，以便于为他们提供有实用价值的借鉴与参考。同时，借此我们还想传达这样一个信息，即无论是中型企业还是小型企业都可以把企业文化运用好，都可以把企业文化体系建设好。美国的企业是这样，中国的企业也是这样。在国内，青岛鑫光正公司就是一个例子，因为特别重视企业文化建设与管理，所以公司的事业越做越大，直至变成了上市公司。

　　《美国杰出公司企业文化研究》和《企业文化与商业模式研究——对话美国中小企业家》同时还是计划当中的"西方英语系大国杰出公司企业文化研究系列"之八本书当中的两本，另外六本书尚未出版。正如上段所述，写作这样一个系列丛书的目的就是要为中国的企业家和企业的管理者立体地和全面地介绍西方以英语为母语的大国与它们的大型、中型、小型企业的企业文化建设与管理经验，以便于从中找到可以利用、借鉴与参考的方法和理论。

　　同步于访谈企业家，作者还在美国与众多研究企业文化与人力资源管理的学者进行了面对面的交流，这种交流以及在《企业文化与绩效管理及其互动影响研究》一书当中所建立的分析框架为本书提供了理论基础，使本书研究具有可以借鉴的理论意义。

　　此外，本书虽然研究了七个典型的企业，但是在本书的研究过程中访谈的企业家远不止七个，只不过其公司不是非常小的公司，就是刚成立的公司，所收集到的资料不足以支撑一章的写作，所以就没有在本书中将它们写出来。但这并不是说他们不够优秀，也不表示他们的公司没有特点，其中有一家公司是专门研究房屋建筑材料的，据估计用其所研究的建筑材料和建筑方法建设的普通民居可以供人居住 500 年，很是厉害。

本书研究所精选的七家公司分别是 Othot 公司、美食公园餐饮公司（Eat'n Park）、JJ GUMBERG 公司、Campos 公司、路桥资本公司（Bridgeway Capital Company）、国际维度发展公司（Development Dimensions International，DDI）和双 H 房地产服务公司（Howard Hanna）。首先，在本书的写作过程当中，作者在对待个人名字和公司名字时，尽量把英文和汉语组合在一起使用，有具体意思的就把它们翻译成汉语并以汉语为主，没有什么具体意思而只是人名类的公司我们就不做翻译，以保持这些公司和其 CEO 名字的本真性。此外，有些 CEO 让我们称呼他们的"首名字"以表示亲近，这样的 CEO 就把他们的"首名字"做一下翻译，以方便大家认识，但也会把他们的英文名字一起附上。其次，在本书所研究的七家企业当中，有的企业在企业文化管理方面的经验较突出，有的企业在商业模式的设计方面更有特色。如果是企业文化管理方面经验突出的公司，就在事关这个企业对应的章节把企业文化放在题目的前面，如"美食公园餐饮公司的企业文化与商业模式"；而商业模式设计更有特色的企业，就在事关这个企业的章节中把商业模式放在题目的前面，如"国际维度发展公司的商业模式与企业文化"。最后，在本书的写作过程中，会穿插一些相关于企业文化和商业模式的英文术语及短句，这样做的目的不是为了卖弄英文水平，而是希望借此可以帮助企业家或者企业高管们学习一点常用的英语知识。

另外，再具体说明一下为什么把这七家公司称之为中小企业。

事实上，如何定义中小企业"中"与"小"的规模应该有很多不同的方法和标准。而在本书当中的研究对象里，所谓中小的规模是相对于《美国杰出公司企业文化研究》当中所选取的进入世界五百强名单的十家美国大型公司的规模而言的，因为那些公司实在是太大了，所以在本书中就把所选取的公司称为"中小企业"。但是实际上，这些企业的规模并不比我们平常所说的和所见的国内的大型企业小，尤其是 JJ GUMBERG 公司和双 H 房地产服务公司，它们分别是美国最大的私人持有的零售房地产开发商及在美国排名第四的房地产服务企业。

在本书选取研究对象时，主要把握三个方面的原则，即力求多样性、争取有特色和一定可借鉴。基于这样三个要求所选择的目标企业还可以表现出以下五个方面的特点，它们同时也是本书主要的研究内容。

（1）这些企业分布在众多的行业里面。其中 Othot 公司是基于大数据和"云计算"进行选择性预测的咨询公司；美食公园餐饮公司是开发多样性饮食并培育多样性饮食文化的餐厅类企业；JJ GUMBERG 公司是兼顾超市经营和商业物业管理的公司，它在某些方面已经做到了美国第一；Campos 公司是专门帮助其他企业策划品牌管理并且制定发展战略的企业；路桥资本公司的企业使命是为小型企业提供融资与教育，同时还为创业者提供一条龙的服务；国际维度发展公司虽然也是一家管理咨询公司，分布在世界范围内几十个国家内，但其业务主要针对的是人力资源管理；双 H 房地产服务公司是一家可以提供全方位服务的房地产家族企业，其使命就是提供最好的房地产买卖、抵押贷款、所有权和保险服务。

（2）这些企业有着完全不同的发展时间。其中发展时间最短的是 Othot 公司，它是在 2014 年才开始创业的，但是它的领导者却是一个打拼了几十年的老牌 CEO；美食公园餐饮公司已经成功经营了 67 年，并且顺利地过渡到第二代企业家进行管理；JJ GUMBERG 公司是这七家企业当中成立时间最早的一个，它已经有 90 年的发展历史，并且正在由第三代企业家向第四代企业家过渡；Campos 公司成立于 1986 年，到 2016 年正好是 30 年的时间，但是这家一直由女性领导者管理的企业没有在家族内部传承，而是被创业者于 3 年前卖给了她认为可以给公司发展带来更好前景的另外一位女性企业家；路桥资本公司成立于 1990 年，现任 CEO 正在积极培养下一代继任者；国际维度发展公司的创始人包括两个，一个是比尔（William C. Byham）博士，另外一个是后来加入的道格（Douglas W. Bray）博士，William C. Byham 和 Douglas W. Bray 于 1970 年创立了现在的国际维度发展公司，并且已经成功打理这家企业 46 年；双 H 房地产服务公司成立于 1957 年，至今已经约有 60 年的历史，老一代的创业者依然还活跃在企业管理上，第二代掌权的企业家也已经是十五个孙子和孙女的祖父，而第三代企业家正在成长的过程当中。

（3）这些企业注重不同的经营地域。其中，Othot 公司、Campos 公司和路桥资本公司对自己的经营地域有着明确的说明，那就是只服务于当地顾客，而且路桥资本公司在其企业使命描述当中为企业设定的服务对象只是宾夕法尼亚州西部 15 个县；美食公园餐饮公司的服务对象是宾夕法尼亚州、俄亥俄州和西弗吉尼亚州，这 3 个州在地理位置上是连接在一起的；JJ GUMBERG 公司的服务对象不只是整个美国，而且其还成为跨国企业并把触角延伸到了南亚次大陆，在那里发展印度以及整个南亚次大陆最大规模的超市和商业地产；国际维度发展公司现在拥有分公司 42 家，并且分布在 26 个国家里；双 H 房地产服务公司的经营范围包括宾夕法尼亚州、俄亥俄州、弗吉尼亚州、密歇根州、纽约州、西弗吉尼亚州、北卡罗来纳州和马里兰州。

（4）这些企业都是由一代或几代杰出的独具特点的企业家领导。其中 Othot 公司的总裁 Andy Hannah 先生首先是一位教授，然后才是一位企业家，这就使他兼具学者和企业家的两重特点以及对科学与技术的迷恋；美食公园餐饮公司身高 2 米的企业家 Jeff Broadhurst 是一个喜欢运动的人，他的经营风格是既要保持父亲和母亲开创的传统，然后又要在自己兄弟 Mark 的支持下进行创新，他的快速反应能力以及为公司营造的微笑企业文化都给我们留下了极其深刻的印象；JJ GUMBERG 公司的 GUMBERG 第三代领导者是一个极具个人魅力的企业家，他的经营理念与 Jeff Broadhurst 完全不同，他的口头禅就是"我们不能躺在过去的传统当中睡大觉"，有了这样的思想，他几乎完全颠覆了爷爷和父亲创立的商业模式和管理哲学并带领家族企业获得了长足的发展；Campos 公司的创业 CEO 是 R. Yvonne Campos 女士，她是一位知性的女性长者，有着宽广的胸怀和远大的目光，为了让自己亲手创建的企业能够得到更好的发展而把它卖给了自己曾经的合作伙伴，并且自己并未离开公司，而是继续留在公司里帮助新领导者管理企业；路桥资本公司即将退休的 CEO Mark Peterson 身高也是 2 米，满头的白发记录着他只服务于宾夕法尼亚州西部 15 个县的企业使命，对企业使命的坚持让他对美国政府和各大银行都很有微词，对敢于违背企业使命的员工更是会毫不客气地请他们"走路"；国际维度发展公司的两位创始人都是博士出身，前面已经介绍过他们的名字，他们共同携手打拼企业 46 年攒下的不仅仅是财富，还有深厚的友谊；双 H 房地产服务公司的当家领导者是一个能够很好地继往开来的务实主义者，三代企业家都对"双 H"情有独钟，所以他们的名字分别如下：第一代企业家为 Howard Hanna；第二代企业家为 Hoddy Hanna；第三代企业家为 Hoby Hanna。

　　（5）这些企业注重不同的企业文化与商业模式。其中，作为高科技企业的 Othot 公司的企业使命是"Othot 公司使用云平台的技术帮助你改变做决定的方式，帮助你使用本源的思想预测、理解和创造未来"（Shape your future in original thought）。公司 CEO Andy Hannah 先生认为，初创企业最应该重视的是技术和机会，而不是企业文化。他为公司设计的核心理念是"打造一个独一无二的公司"，为此他们要"基于一种商业模式，使用两种关键技术，重点关注三个目标市场"，其业务的重点就是合并数据并使用科学与先进的分析方法为客户提供工具以帮助他们从所拥有的数据当中获得有价值的洞察力。说得再具体一点就是，面对当今社会纷纷扰扰的数据和信息，如何选择、如何分析、如何使用都是相当困难的，而 Othot 公司就是要借助自己的预测引擎和专有技术去帮助客户做这些复杂的事情，从而赢得他们的信任，赢得市场，赢得利润。

　　与 Othot 公司不同的是，美食公园餐饮公司非常注重企业文化在企业管理过程当中的作用，而且还把公司的"企业使命"与"企业愿景"融合在一起进行设计，其核心思想就是打造"微笑"的文化，通过自己的微笑为别人创造可以微笑的机会。此外，美食公园餐饮公司还设计了五条指导企业发展的核心价值观，即关心他人，热心于美好的食物，用心于不断地创新，小心对待公司的财务资源，专心地坚持正直诚实、多元发展和勇担责任的企业文化。运用中国式语言的特点把美食公园餐饮公司的企业价值观概括为"五心"体系，即"关心"、"热心"、"用心"、"小心"和"专心"，具体就是关心他人、热心美食、用心创新、小心于财务、专心于坚持企业的核心文化。除了企业文化以外，美食公园餐饮公司的商业模式也是非常有特色的，其在多元化餐厅、多样性员工和多元化餐饮文化的解读和建构当中梳理了大量的经验，这些经验对国内此类企业有着重要的参考价值。除了以上内容以外，美食公园餐饮公司的发展特色还包括如下五个方面：①为员工量身定做培训项目；②建立细致入微的员工福利体系；③努力为可持续发展做出自己的贡献；④全面支持和参与社区活动；⑤努力回报社会。

　　JJ GUMBERG 公司的第一代领导人是 Joseph J. Gumberg，第二代领导人是 Stanley R. Gumberg，现任领导人是第三代企业家 Ira J. Gumberg。这三代领导人在领导风格上有着很大的差别，现在掌权的 Ira J. Gumberg 先生是一个非常看重创新的人，正是因为他对创新的极力追求和大力支持才使家族生意出现了飞跃性的变化。除了创新的思想以外，JJ GUMBERG 公司现在最看重的核心理念是"把伟大的战略愿景与最优秀的执行紧密地结合起来"，并由这一核心理念延伸出公司另外十个方面的企业文化内容，它们同时也反映着公司最看重的两个核心价值观，即"注重透明度"和"强调信任关系"，其中这十个方面的企业文化分别如下：①重视"企业家庭"文化；②注重处理内部与外部关系；③看重"时间"和"忠诚"；④强调"雷厉风行"的做法；⑤"追求做最好的"，或者叫做永远只做第一；⑥培养强烈的责任感和快速地进行反应的能力；⑦一切平等；⑧坚持"重视创新"、"非常重视创新"及"一直非常重视创新"的思想；⑨认真地倾听；⑩大声说出来。

　　Campos 公司是一家帮助客户研究品牌、战略与创新的企业，围绕公司这三个方面的主要业务，企业家们设计的主要发展理念是"在你行动之前我们进行思考"，为了实现企业这一明确的发展定位，Campos 公司研发和使用了十个独创性的工具，这十个工具分别如下：Campos 公司的品牌管理方案（Campos brand plan）、Campos 公司的战略管理方案（Campos strategic plan）、Campos 公司的旅程管理方案（Campos journey plan）、Campos 公司的数据驱动方法（Campos data drive）、Campos 公司的三百六十度环境分析法（Campos context 360 degree）、Campos 公司的定量研究法（Campos QUANT^x）、Campos 公司的定性研究法（Campos QUAL+）、Campos 公司的客户经历分析法（Campos UX-R）、Campos 公司的创新工具（Campos innovate）和 Campos 公司的决策地图（Campos decision map）。这十个工具围绕一个工作主线进行，即 Campos 公司将为客户提供"一个全面的计划"、"一个专属的战略专家"和"一个完整的故事"。除了以上内容外，在访谈的过程中，创业者 CEO R. Yvonne Campos 女士还为我们讲述了大量的关于"如何做一个优秀的企业家"，以及"如让绩效管理的工作帮助企业文化变得更好"的经验与心得。

路桥资本公司企业使命是坚定和非常独特的，即"我们努力使宾夕法尼亚西部成为一个繁荣的地区，让她的经济发展更快，社区更加富有活力。为此，路桥资本公司致力于帮助那些还不够富裕的人群提升资本和教育，帮助他们点燃商业和工作增长的引擎，支持企业家扩大他们服务的范围，并能够不断地加强我们所在地区的力量"。这个企业使命的描述全面地反映了公司的业务，即为创业者和小型公司的企业家提供资本、受教育的机会、管理的技能、战略方案以及更好的经营哲学。在这个企业使命指导下，公司的"企业愿景"看上去也很伟大，它是这样界定的，即"通过为发展和创新提供资本，为企业家的成长提供受教育的机会，路桥资本公司致力于创造商业的繁荣和工作机会的成长，通过各个方面的努力为地区带来新的财富，并且保留关键的社会服务以促进区域经济的可持续发展。在经济增长的过程中必须为社会所有成员创造机会，这其中自然也包括种族、少数民族和妇女的机会，要让他们充分参与到一个繁荣的经济成长过程当中而且要全面分享这种成长所带来的一切好处"。如果阅读完路桥资本公司的故事你会发现，无论是公司战略和企业发展理念的内容，还是企业文化与公司商业模式的设计，它们与"企业使命"和"企业愿景"的对接都是那么的完美和天衣无缝。

国际维度发展公司服务了 1 000 多家的企业，在它们的顾客当中有半数的企业经常出现在世界 500 强的名单上。两位优秀的创始人以 46 年的工作经验把公司的企业使命提炼为，以四十多年的创新所形成的科学方法帮助你的公司发展领导力，获得和培养人才，并加强继承管理。企业使命所提到的这三个方面的工作同时也是企业最主要的三个业务，即帮助客户发展领导力、帮助客户培养人才、帮助客户培育下一代领导者。公司的企业愿景是"我们要在任何水平上，以研究为基础，以结果为导向，以世界眼光帮助客户企业准备好他们发展所需的领导者"则进一步描述了公司的工作方法和竞争优势。这些优势可以进一步总结如下：①公司近五十年发展经验的积累形成了宝贵的信息和档案资源；②公司近五十年为 1 000 多家企业提供的服务赢得了顾客的信赖；③公司一如既往地忠诚于客户的态度为企业的进一步发展打下了坚实的基础；④公司已经建立的顶级客户群体将是企业继续发展的合作伙伴；⑤公司已经建立的全球化的经营网络既可以帮助企业找到下一个目标客户，又可以为企业寻找全球化的未来人才。

双 H 房地产服务公司的企业使命尽述了公司的特点和企业主要的经营业务，即"我们是一个可以提供全方位服务的房地产家族公司，我们的使命就是要提供最好的房地产、抵押贷款、所有权和保险服务。我们每一天在每一笔交易中都会非常努力地工作，以反映双 H 房地产服务公司、我们自己和彼此之间的骄傲，并让我们所服务的人民和社区因为我们而骄傲。通过我们的知识、诚信和创新，我们愿意帮助双 H 房地产服务公司的客户去实现他们的美国梦想"。而双 H 房地产服务公司的领导者特征以及企业价值观体系都全面地体现在公司的"企业愿景"描述当中，这是一个在其他行业和其他企业都不多见的包括七条内容的"企业愿景"：①在双 H 房地产服务公司服务的每一个市场当中都要力争被公认为是最优质的和最专业的房地产服务公司。②为每一个客户提供无与伦比的、创新的、全面的房地产服务，并与他们建立一个终身的关系。③在双 H 房地产服务公司内培养学习、团队合作、相互尊重和追求卓越的企业文化。④给那些不太幸运的人提供可以带来更好生活质量的时间和资源。⑤迎接变化和拥抱多样性。⑥培育双 H 房地产服务公司与员工的最佳财务成长与稳定。⑦在双 H 房地产服务公司所做的一切当中保持领导和服务的完整性、自豪感和热情。双 H 房地产服务公司对于"企业使命"和"企业愿景"的坚守成就了企业的两大经营特点，即"一站式购物"（one-stop shopping）和"百分之百的退款保证"（100% money back guarantee）。

　　最后还要说明的一点是本书中提到的七家企业与《美国杰出公司企业文化研究》当中的十家公司在企业文化体系与企业文化管理方面还存在着差距，这种差距表现为两个方面：①《美国杰出公司企业文化研究》一书中提到的十家企业在企业文化体系方面有着比较完整的论述，而这七家企业没有一家能够完整地设计企业文化尤其是精神文化方面的内容，汇合七家公司的企业文化才能凑齐一个完整的精神文化架构，真正体现出企业使命、企业愿景、企业价值观、企业理念和企业核心价值观的系统描述；②本书中提到的七家企业在论述企业文化之精神文化时，不如《美国杰出公司企业文化研究》一书中的十家企业清晰，它们除了对企业使命和企业愿景有着比较明确的界定以外，其他的内容都是融在企业使命、企业愿景或企业价值观当中。

　　除了以上分析的目标企业的五个特点以外，本书还有六个方面的特点，具体如下。

　　（1）作为《企业文化与绩效管理及其互动影响研究》一书研究的延续，以及"西方英语系大国杰出公司企业文化研究系列"丛书当中的一部分，本书直接使用了在《美国杰出公司企业文化研究》一书中已经建构的"4S"理论分析框架，从而不再做理论上的探讨，只专注于挖掘目标企业之企业文化管理与商业模式运营方面的应用价值。

　　（2）本书所有的研究资料都是直接取自目标公司，没有使用任何方面的二手信息。

　　（3）作者与本书所研究的七家企业的 CEO 都举行了面谈，通过提前设计各不相同的问题，借助充分的交流，深入地挖掘了他们的思想以及其公司的发展特色。

　　（4）在针对本书案例企业进行研究的过程当中，作者还在书中融入了大量的解读，这些解读是针对企业文化管理、企业战略管理、企业团队管理、领导力管理等方面多年研究所得到的心得。

（5）在具体分析案例企业的同时，作者还在书中融入很多美国经济文化和社会发展现状的介绍，这是生活在美国时所看到的和所听到的有意思的事情或者是与我们原初想象中不太一样的部分。

（6）虽然本书适合企业管理方面的专业研究生和 MBA 学生阅读，但是将之定位的目标群体主要还是企业家，以及企业的高管，所以可以不认为它是教科书，因为可读性与通俗易读应该是它的特色。事实上我们一直反对把企业管理方面研究的书写得过于严肃、过于教条、过于死板。

在本书的研究过程当中，作者得到了众多美国朋友的帮助，在此要对他们表示真心的感谢。首先要感谢的是作者在美国匹兹堡大学的老师 John Thomas Delaney，正是在 John 不遗余力地促成下才有机会与美国当地这些杰出的 CEO 见面并进行了深入的交流。其次要感谢的是匹兹堡大学的另外两位教授，他们分别是 Fredrick O. Kendric 博士和 William T. Valenta 博士，Fred 曾经在多家知名的跨国企业从事人力资源管理的工作，他非常慷慨地与作者分享了他的关于企业文化管理与绩效管理的经验，并帮助作者分析了美国一些大企业在这两个领域存在的不足；William 是一个杰出的演说家，他与 John 一起合作帮助模拟与 CEO 的见面场景并训练我们在这个方面的礼仪和提出问题的方式而且鼓励我们在英语表达方面的信心。再次要感谢的是我在美国的两个年轻朋友，一个是 Katie Rae Swanson，她有一个中文名字叫做凯迪，全称为李凯迪；另外一个是 Tim McMannis，他有一个中文名字叫做题芬，全称为马题芬。凯迪和题芬不仅在英语学习方面给了作者很大的帮助，而且他们还多次帮助作者反复推敲与 CEO 的对话内容，并且训练作者所提出问题的发音，从而保证了作者与企业家的交流能够比较顺畅地进行。最后要感谢的就是那些杰出的 CEO，他们很忙，很多人甚至要提前几个月进行预约才能确定面谈的时间；但是他们也真的很厉害，每个人都有丰富的企业管理经验，这让作者在写作本书的时候受益匪浅，这些具有雄才大略的 CEO 分别如下：Othot 公司的 CEO Andrew R. Hannah；美食公园餐饮公司的 CEO Jeff Broadhurst；JJ GUMBERG 公司的 CEO Ira J. Gumberg；Campos 公司的 CEO Yvonne Campos；路桥资本公司的 CEO Mark Peterson；国际维度发展公司的 CEO William C. Byham；双 H 房地产服务公司的 CEO Hoddy Hanna。

作　者

2016 年 8 月

目　　录

第1章 Othot 公司的商业模式与企业文化

　　Othot 公司是一个初创企业，成立于 2014 年，它的定位是一家高科技预测咨询公司，对此可以由公司的"企业使命"进行判断，即"Othot 公司使用云平台的技术帮助你改变做决定的方式，帮助你使用本源的思想预测、理解和创造未来"，其主要意思的英文表达是"Shape your future in original thought"。

　　因为 Othot 公司是高科技企业，所以它与后面第 2 章所分析的餐厅企业美食公园餐饮公司在商业模式上以及企业文化管理等各个方面都有很大的不同。这种不同一方面是源于两家企业所在的行业不同，另一方面是基于两家企业的发展历史与发展路径不一样，Othot 公司成立只有两年但却前景阔远，美食公园餐饮公司经营了 67 年而且保持着持续的繁荣。

　　基于以上两点，本章要研究的重点与第 2 章有所不同，在本章重点研究 Othot 公司的商业模式及企业文化，第 2 章将重点分析美食公园餐饮公司的企业文化及商业模式。对比两家公司的研究可以看出，不同行业对企业文化的要求是不一样的，不同行业内的企业在进行企业文化管理时所思考与关注的重点会有所区别，这虽然不能理解为"隔行如隔山"，但却可以理解为"不能随便照抄和模仿其他公司之企业文化"的一个现实依据。也就是说，可以参考，但不能照搬。

　　为了写作本书，作者在美国调研了多家企业并与每家企业的 CEO 进行了面对面的交流，其中 Othot 公司是本书中访谈的第一家企业，公司 CEO Andy Hannah 先生是面对面交流（interview）的诸多 CEO 当中的第一个。通过比对分析公司的资料以及与公司 CEO Andy Hannah 先生的谈话，可以把 Othot 公司的企业经营概括为，"基于一种商业模式，使用两种关键技术，重点关注三个目标市场"。当我们把这个概括讲给 Andy Hannah 听时，他的表情非常有意思，一方面好像有点被识破了秘密之后的闪躲，另一方面又有点"你看我们很聪明吧"的小小窃喜。根据 Andy Hannah 本人的介绍，其企业发展最为核心的理念就是"打造一个独一无二（unique）的公司"，在谈话过程当中，"unique"是 Andy Hannah 先生最为津津乐道的一个词汇（word）。

针对本章，作者做了如下设计：1.1 节介绍 Othot 公司以及企业 CEO Andy Hannah 先生的基本情况，基于企业 CEO 的介绍能够非常容易地明白，他为什么会建立这样一个公司，以及他为什么会选择这样一些市场；1.2 节分析 Othot 公司的企业文化，也就是基于 Othot 公司的主要业务解读 Othot 公司的"企业使命"、"企业愿景"和"经营理念"及独特的"发展定位"，这种解读可以帮助理解 Andy Hannah 先生口中的"unique"到底是一个什么意思，而且还可以从中看出他所希望的实现方法；1.3 节解读 Andy Hannah 先生对新成立公司企业文化管理的独特看法，通过解读这些看法希望能够为其他的初创企业提供一些有价值的参考；1.4 节解读 Othot 公司的商业模式，这个商业模式事实上并不复杂，其中的关键是公司所掌握的专有技术；1.5 节比较系统地介绍 Othot 公司的两种技术，即 Calisto™ 和 Titan™ 以及它们各自的特点，即商标（trade mark，TM）；1.6 节分析 Othot 公司当下所重点关注的三个市场，即高等教育市场、从小学到高中的 K-12 学校市场及汽车销售市场；1.7 节介绍 Othot 公司未来准备重点发展的市场，以及选择这样市场的原因。

在本章涉及技术层面的问题时不做过多地分析，这是在和公司 CEO Andy Hannah 先生进行面对面交流时的一个约定。事实上，作者对于这些技术方面的细节也知之甚少，当然本书的研究重点也不在于研究技术，而是研究使用这种技术解决现实问题并谋求企业发展的思路。

1.1　企业与企业家情况介绍

Othot 公司位于美国宾夕法尼亚州匹兹堡市，是一个基于"云计算"的软件公司，其合并数据科学与先进的分析方法为客户提供工具以帮助他们从所拥有的数据当中获得有价值的洞察力。Othot 公司提供的预测引擎的灵活性可以评估多个场景，分析其影响，并帮助客户确定最佳的行动计划。这些结果是有意义的输出，它可以帮助客户准确且及时地进行决策。

与公司创始人 Andy Hannah 先生的面谈定在 2016 年的 5 月 25 日，当天天气比较炎热，可是 Andy Hannah 先生带着从容的微笑娓娓解读了他的公司，这让作者在无形当中感觉到了一丝清凉（图 1-1）。根据 Andy Hannah 的介绍，这家公司在 2014 年才刚刚成立，自成立之初，他给公司的定性就是高科技预测咨询公司。不过，据一起参与面谈的作者在美国的老师 John 说，Andy 的公司虽然成立不久，但是他以在企业界打拼几十年所积累的经营与管理经验作为保障，使 Othot 公司一起步就走上了快速发展的道路，并且成为投资者十分热衷的一个目标企业。

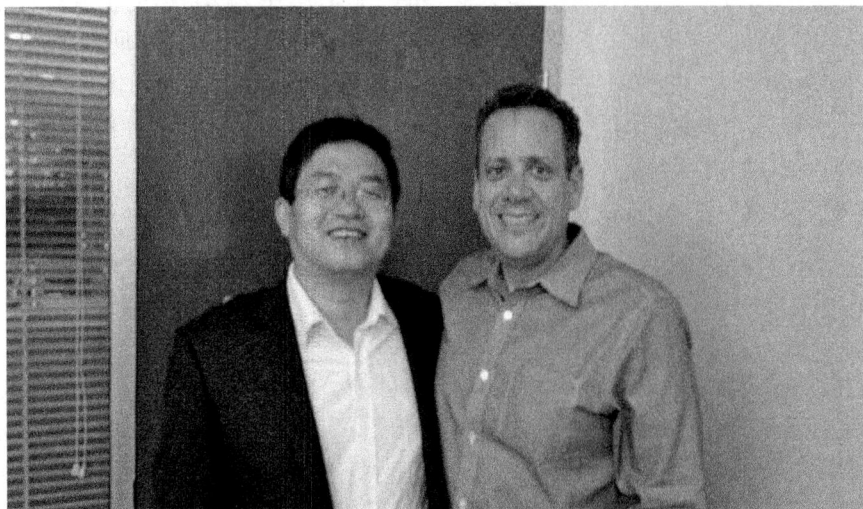

图 1-1　李文明与 Andy Hannah 先生

在与 Andy Hannah 先生的交谈过程当中，他比较清楚地讲述了 Othot 公司经营的主线，即通过可能性的预测以帮助客户组织寻找他们的目标顾客从而不断地发展 Othot 公司。事实上这种做法是有效的，面对当今社会如此纷纷扰扰的数据和信息，如何选择、如何分析、如何使用都是相当困难的，而 Othot 公司就是要借助自身的预测引擎和专有技术去帮助客户做这些复杂的事情，从而赢得客户的信任，赢得市场，赢得利润。

分析 Andy Hannah 的背景资料可以知道，他是国际分析学会的高级顾问和主要学术成员，是作者访学美国时所在的匹兹堡大学商学院的分析和创业兼职教授。他的主要教学任务就是创建和教授分析与创业相互影响的课程，指导学生们追求事业的发展，并帮助他们毕业以后成为繁荣昌盛的分析行业的领导者。

Andy Hannah 有着非常丰富的企业管理经验，而且还有着相当丰富的企业从业经历，自 1995 年以来，他就一直是一位企业家，在过去的 20 年里，他曾经在 4 家高科技初创企业担任 C 级领导，具体来说就是两种角色，即不是 CFO（首席财务官），就是 CEO（首席执行官），这造就了他在学术和专业方面的双重成就，并为个人的职业发展打下了坚实的基础。Andy Hannah 曾经参与的公司涉及的行业包括信息行业、软件行业、咨询行业和材料科学。他在这些行业参与创建的企业有 3 家企业被行业领导者收购。在创建 Othot 公司之前，Andy Hannah 是一家全球性的材料科学公司的联合创始人和 CEO，而他为这家公司工作了 12 年。

以上就是 Andy Hannah 的背景资料，从中可以看出他是一位学者型的企业家。

事实上，在 Othot 公司的员工当中有很多人就是他的学生，这种师生关系可以确保他们的合作与共事是融洽的，也是愉快的。此外，作为学者型的企业家，Andy Hannah 给企业的发展带来了明显的优势，这种优势就是科学与商业的结合。

Andy Hannah 说，"成功的预测分析必须结合分析的技术以及知道如何使用科学与商业的双重数据，而我们的优势恰恰体现在对这两个领域都拥有非常丰富的经验"。

1.2　Othot 公司的企业文化

在没有见到 Andy Hannah 之前，我们不知道公司的名字"Othot"是什么意思，因为它既不是一个人名，也不是一个通常意义上所说的词汇。经过 Andy Hannah 的解释，我们明白了这个名字的意义，事实上"Othot"是来自于公司的企业使命，即"用最原初的思想创造你的未来"的英文再创造——"Shape your future with o-riginal tho-ugh-t"，如图 1-2 所示。

图 1-2　Othot 公司名字的含义

Andy Hannah 解释道，创造这样一个公司的名字，其实是因为想让它传达企业的发展使命，此外，他还为 Othot 公司的发展明确了一个与众不同的企业定位，即"所有的人都在寻找答案，而我们在寻找问题"。

基于这样一个企业定位，Othot 公司要识别的是有益于客户的关键性战略问题，其称为高影响的问题 ^{TM}（hiqs^{TM}），这些问题一定是与客户公司最重要的业务密切关联的。"我们不是提供另外一个数据分析工具，而是从头脑当中的最后一个问题开始，然后围绕特定问题建立一个预测分析解决方案。"其实对于所有的企业和所有的企业家而言，这种思想都是一个借鉴，在现实的企业运营与管理过程当中，一定会有众多的问题，也一定会有众多的工作；在这些问题与工作当中，哪一个是最重要的问题，哪一个是最重要的工作，它们需要企业进行识别，也需要企业家进行判断。当这些问题被识别和判断以后，它们就可以变成企业的主要工作，并成为其他工作开展的主线。否则的话，企业家就会"乱花渐欲迷人眼"，而企业的发展也只能是"浅草才能没马蹄"。

基于以上企业定位，Andy Hannah 为 Othot 公司明确的核心经营理念是，"帮助客户了解他们的顾客；帮助客户识别他们的机会；帮助客户克服他们的挑战"。Andy Hannah 说，这个理念的通俗解读就是"我们帮助客户去赚钱，然后客户因此付钱给我们"及"我们用心帮，客户努力赚，最终大家共同举杯庆祝"（图 1-3）。

Data+Powerful Predictive Engines
数据+强大的预测引擎
Multiple data sources.One easy-to-use interface
多样化的数据来源，一个易于使用的界面

图 1-3　公司的经营模式

"我们能够使客户组织立即获得传统方法无法获得的预测、理解和塑造未来的洞察力。整合各种数据源和发现可操作的知识，这样你就可以立即开始使用预测和规范分析。"

"我们的云计算平台可以使客户组织从他们的数据当中发展强大的洞察力，并把它们转化为一个易于理解的视觉格式。"

分析 Othot 公司的企业发展定位和经营理念可知，其是一种以战略性问题为导向的预测分析管理思想，所谓的战略性问题其实就是客户企业或组织最想要的结果，因而也可以说其使用的是一种结果导向的预测分析技术和方法。但是这种结果导向与一般的结果导向不同，它是基于问题提出的，并且伴随着问题的解决而实现。所以，在这种预测分析过程中，首先要找到战略性问题是什么，其次是基于战略性问题出发使用内外结合的数据资源去寻找答案，而且如果答案找到了，工作也就被完成了。

此外，Othot 公司要借助自有的两种技术方法把完整的工作过程分成两个部分进行，第一个部分是收集、分析和使用复杂的数据，这是 Othot 公司的强项；第二部分是结果的输出，这种输出所追求的目标就是容易理解、方便使用，即"把复杂的工作留给自己，把容易的工作留给客户"，是企业经营管理的关键思想。有了这样一个关键思想，相应的也就有了"帮助客户了解他们的顾客；帮助客户识别他们的机会；帮助客户克服他们的挑战"的理念。

帮助客户的过程就是企业发展的进程，有了客户的不断成功才可能会有企业的不断成功，这应该成为所有企业最为明确的经营宗旨。

说到 Othot 公司的企业愿景，Andy Hannah 认为这个非常好理解，那就是通过不断的技术创新，形成 Othot 公司强大的预测能力，从而使客户的预测分析更加容易，更加便宜，更加快捷，更加有效。

1.3　Andy Hannah 理解的企业文化

Andy Hannah 是一位现实主义者，也是一位非常务实的企业家，他认为初创企业没有必要花费过多的时间去设计或者去管理公司的企业文化，企业文化必须要伴随着公司的不断发展和阶段性的成功自然而然地去生成。否则生硬地设计一个企业文化，然后把它们强加给企业的员工，不仅对企业的现实发展没有帮助，而且对企业的长远发展也会有所伤害。

"企业文化是逐渐生成的，而不是由企业家设计成的。"

"我们没有必要在企业发展的初期和其正在成长的过程当中思考太多的关于'Who we are'也就是'我们是谁'的问题，而应该把重点放在'What we want to do'也就是'我们想做什么'的方向上，如果一定要考虑'Who we are'那也应该是'Who we are today'也就是'我们今天是谁'，从而可以指导我们努力做好当下，做好了当下自然就会有成功的未来。"

此外，Andy Hannah 也认为企业文化，如企业的使命、企业的宗旨和企业的价值观对于任何企业而言都是非常重要的，所以在企业发展的过程当中 CEO 也必须要引导公司企业文化的生成，为此他认为应该坚持做好四个方面的事情。

（1）做一个好人或者力争做一个好人，做正确的事或者力争正确地做事，只要做就好，最好不说或者少说，也不要在意别人说与不说。

（2）努力工作并讲究方法，时刻保持耐心和平静且允许别人犯错误，当然也允许自己犯错误。但是，在对待犯错误这件事情上要对自己和手下提出一个要求，那就是"better next time"，即"下次好一点"或"可以有下次，但下次一定要好过这一次"。

在 Andy Hannah 看来，无论企业家的身上应该有多少优秀的特质，但其中最重要的还是"耐心"和"平静"。"耐心"可以帮助其坚持下去，同时还会让其有足够的时间去思考，而不是急于去行动，急急忙忙去行动并不代表执行力强。再者，"平静"也很关键，无论发生了什么事，"先平静下来"（calm down）然后再想办法是最为重要的。企业家要学会保持这种"平静"的心态，不要过多地考虑"happy or not happy"，即"高兴与不高兴"的事情，也不要考虑身处高位"lonely or not lonely"，即"自己孤独不孤独"，"平静"最为重要。

当然这样想事情的时候并不等于不重视结果，"结果也重要，但要把结果看成是过程的延续，事实上一切都是过程，都是工作的一个部分而不是全部内容"。如果过分地看重结果人就会变得紧张，紧张得失反而容易失去，所以一个优秀的企业家必须学会"平静"，事实上这是最难的一项修炼，也是太多人成不了企业家的一个重要原因。

（3）尊重人性，不给别人施加压力；注重过程管理，同时希望别人成功。其中，希望属下成功就是最好的管理，不宜让不希望在此成功的员工久留，因为一个不追求成功的员工事实上是没有办法进行管理的，尤其是对于这种高科技的企业而言。

（4）关心别人，包括关心自己的手下，对自己手下最大的关心还是希望他成功，并且要帮助他成功。

Andy Hannah 认为，如果一个 CEO 把这四个方面的事情都做好了，员工们就会向其学习，这正如中国人常说的"言传身教"，而当所有的员工们都学会了这些做事情的方式和应该把握的做事情的态度时，企业文化就生成了，而且一定是企业家想要的企业文化。

否则，企业家只说不做，或者企业家这样说那样做，就无论如何也不可能生成有效的企业文化。

"基于以上几个方面的考虑，像 Othot 公司这样成立只有两年时间的企业绝对不要去设计什么企业文化体系，也不要把过多的精力用在企业文化管理上，而应该做的就是在 CEO 的带领下去寻找对他人最有价值的项目，最好是那种可以让所有人都受益的项目，并在这些项目所需要的技术上下功夫，力争做到最好，然后其他的事情就是水到渠成。"

在 Andy Hannah 看来，一个优秀的企业家应该是 75% 的领导者加 25% 的管理者。"只是领导者不行，只是管理者不行，两个角色的比重平分也不行。"

从 Andy Hannah 的这一观点出发，我们认为，一个企业家最大的成功不是他自己的成功，而应该是领导（lead）和引导（guide）自己的员工成功，员工成功了，他的企业就成功了，这样他就获得了真正意义上的成功，所以说企业家首先应该是一个领导者；但是对于企业具体项目的实施以及员工的具体管理不闻不问的企业家来说，其就会变成孤家寡人，就会被员工所欺骗，所以他同时也应该是一个管理者。但是反过来再看，一个企业家管理得太多，管理得太细也不行，那样他就没有精力去想战略方面的事情，就没有足够的时间去规划和设计未来，同时他的手下也会因为他管理得过多过细而变成只会执行而不会思考的懒人或木头人。或许正是考虑到以上所做的分析，Andy Hannah 认为，一个优秀的企业家应该是 75% 的领导者加 25% 的管理者，这个比例比较合适。

1.4　一种商业模式

Othot 公司是一家高科技企业，同时它也是一个咨询类的公司，以这种交叉行业背景为基础，其选择的商业模式如图 1-4 所示。

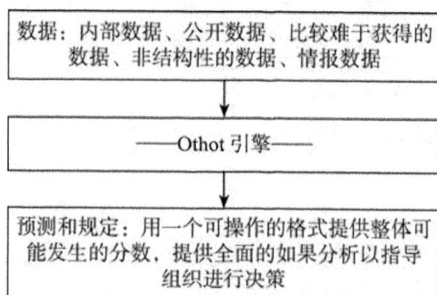

图 1-4　Othot 公司商业模式

　　这种特有的方法产生的预测情报比其他分析程序提供了一个更加全面的解决方案。之所以这样设计的原因在于，新的数据类型需要与传统的方法不同的技术和工具进行结合。Othot 公司的引擎可以使客户现有的数据能够与外部数据结合起来，然后检查可能性并探索如果选项。这样就可以帮助客户获得商业情报以利于更好地分配资源，优化客户识别，从而不断地增加收入，最终实现组织利润最大化。

　　具体分析 Othot 公司商业模式的特点可知，其主要表现在如下四个方面：①整合外部数据源以帮助客户更全面地了解自己的顾客。这种外部数据资源的整合单凭客户企业是很难加以完成的，而有了 Othot 公司的引擎分析技术，这一点就可以轻松地做到。②帮助客户在正确的时间以正确的方式瞄准正确的前景，这样就可以优化客户的资源，不断提升客户资源的内在价值。③帮助客户设计战略性的方案去获得竞争优势，以促进当下的目标客户，即学校或是汽车销售公司不断向前发展。④使用 Othot 公司的引擎技术所获得的数据易于集成，便于理解，可以更好地帮助客户进行高水平的决策。

　　下面针对第一个特点和第四个特点再做一点延展性的分析。

　　（1）关于第一个特点，其实就是要从顾客数据当中获得真正的商业价值。

　　"分析你的内部数据可以提供历史的角度去分析客户和他们的购买行为，但那样做只会具有有限的预测价值。Othot 公司的平台能够整合多个外部数据源和处理它们，这样你就可以利用这些信息来发现隐藏的洞察力并帮助你建立别人无可替代的竞争优势。"

　　Othot 公司以外部数据源扩大客户数据文件的内容包括：①个人资料来源（包括人口、社会经济、地理和距离等）可以匹配进入个人客户数据库，以加强他们的配置文件；②环境数据（包括气象数据、竞争对手数据等）有助于客户了解个人的环境或环境如何影响决策；③行为数据源显示讨论的主题或行动，即可能表明客户的购买意向。

（2）关于第四个特点，可以从五个方面进行理解：①客户可以随时安全地访问预测软件工具，他们可以在任何设备、任何时间、任何地方使用它们；②预测软件可以轻松地与客户互动，并为他们提供可视化的容易理解的数据；③可以将结果整合到当前的数据系统和工作流程中，或者使用一个独立的云系统；④客户可以与其团队交换和分享他们的发现；⑤可以消除对数据科学家或顾问解释结果的需求。

1.5　两种关键技术

为了保证向客户提供优质的服务，实现企业商业模式的有效运转，Othot 公司当下开发和使用了两种技术，即 Calisto^{TM} 和 Titan^{TM}，其中 Calisto^{TM} 是最主要的技术，它的重点是帮助客户企业或组织分析如何"吸引"目标顾客；而 Titan^{TM} 的重点则是帮助客户企业或组织分析如何"留住"目标顾客。

1.5.1　Calisto^{TM} 技术

Calisto^{TM} 是一个基于"云计算"的解决方案，它可以为客户提供其所需要的行动洞察力，以吸引和赢得高质量的市场份额。Calisto^{TM} 的关注重点是具有很高购买意愿的顾客，通过针对这些顾客所做的分析，可以帮助客户企业在个人层面上获得洞察力，如此就可以优化客户获取方案，发展客户运营业务，建立密切的双向关系，不断地提高组织的运营效率。

"我们先进的分析工具可以产生预测以及'是否是什么'的分析，可以为您提供关于顾客的有价值的信息，您可以使用它们指导您的营销策略。您可以不断处理新的数据以提高预测的准确性并提供更好的决策选择。"

图 1-5 是 Calisto^{TM} 技术的运作模式。

Calisto^{TM} 技术的特点表现在三个方面：①通过确定目标市场可以优化营销成本并将营销资源与最有可能的购买者联系起来。②通过学习和研究是什么驱动了顾客的购买决定可以推动商业策略的执行，在销售过程中能够通过收集数据来不断提高继续决策的能力。③通过了解"是什么可以改变购买决策的可能性"可以提升决策的水平并帮助客户更好地分配资源。

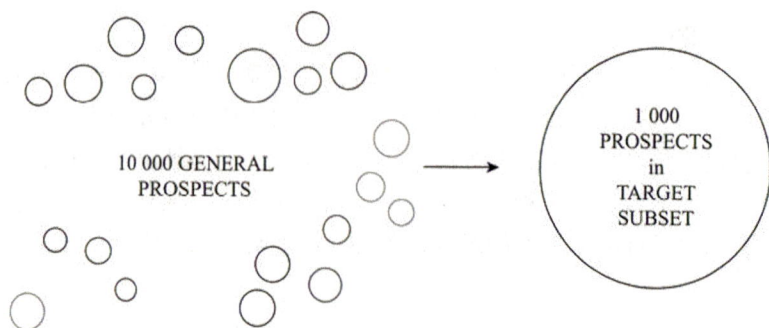

（a）通过缩小顾客的范围以明确真正客户名单

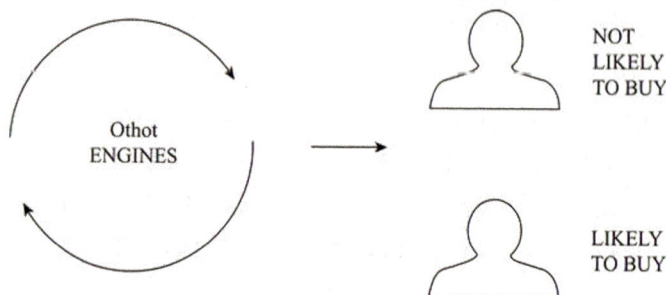

（b）通过预测引擎帮助排列购买者的可能性及最有可能购买者的名单

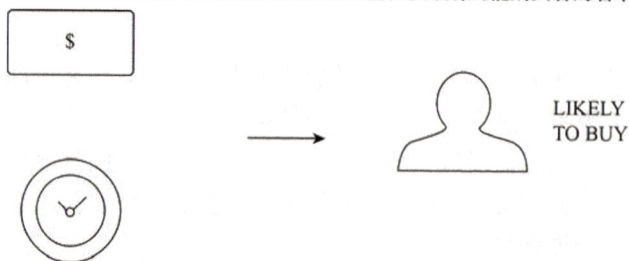

（c）集中你的营销资源以匹配最有可能购买者并与他们直接进行联系

图 1-5　Othot 公司 Calisto™ 技术的运作模式

1.5.2　Titan™ 技术

　　Othot 公司的 TitanTM 技术也是一个基于"云计算"的解决方案，它主要给客户提供其业务需要的可操作的情报，以及如何发展和留住客户的方案等。

　　"我们先进的分析工具可以产生预测以及'是否是什么'的分析，可以提供有价值的客户信息，让您重点关注他们以防止这些顾客会寻求其他选择。您可以不断处理新的数据以提高预测的准确性和了解客户流失的行为。"TitanTM 提供的技术工具把重点放在为什么顾客会选择客户组织的业务和数据点的关键决策。客户组织可以在顾客个人的层次上获得洞察力，这样就可以基于所获得的信息情报制定相应的策略以留住客户并且保证不会让他们轻易流失。

Titan™ 技术的特点也表现为三个方面：①通过利用数据管理的方式可以优化营销活动，并使企业可以获得联系客户的最佳机会。②确定目标客户有可能选择离开的原因，从而可以防止不必要的客户流失。③通过了解和分析"是什么变化影响客户流失率"可以帮助企业提高防止顾客流失的决策水平。

1.6　三个主要市场

因为刚刚成立两年多的时间，所以 Othot 公司现在重点关注的是三个方面的市场，起初作者分析是因为公司 CEO 对学校教育非常熟悉，所以他才选择了其中两个市场，即高等教育招生和从小学到高中的基础教育，也即 K-12 学校招生及汽车销售市场。但事实上，根据 Andy Hannah 的介绍，他之所以选择了两个教育市场尤其是选择高等教育的市场不是因为他对学校和学校教育熟悉的缘故，而是因为高等教育是一个高价值的市场。

众所周知，在美国上大学是非常昂贵的，即便上一个普通的大学所需要支付的学费每年也要 2 万美元，这还只是本州内部生源的价格，如果是进入跨州的大学另外还要再加收 1 万美元，即每年 3 万美元。这样算下来，每一个学生四年大学读下来都要花费 12 万美元，折合成人民币就是七八十万元，这还不是知名大学的花费水平。有的知名大学一年就会收取 7 万美元的学费，即四年为 28 万美元，同样这还只是学费而不包括住宿费与生活费。如果按照普通大学的标准计算，每个学生除了学费以外每年还要交 1 万美元的住宿费，另外至少还要花费不低于 1 万美元的生活费。如此算下来，一个学生读完四年大学最少也要花费人民币 130 万元以上，这的确是一笔不小的支出。也正是因为如此，美国的大学生几乎没有不打工的，他们当中有的人甚至从高一就开始打工为自己挣学费了。

关于 K-12 的收费情况，我们没有做过调研，但是其中私立学校的学费肯定是相当可观的，针对这一点，看一下国内私立学校的情况就可以知道，很多学校的收费高得离谱，那绝对不是一般家庭的学生能够承受的。所以，这理所当然的也是一个高价值的市场。

汽车销售的价格虽然高低不等，但是汽车销售在美国却有着庞大的市场，所以它就成了 Othot 公司选择的第三个目标。

下面分别讨论 Othot 公司在已经进入的这三个市场所坚持的经营理念和所形

成的经营特色。

1.6.1　高等教育市场

在美国的高等教育发展过程当中，各个大学的招生部门都会面对一个非常重要的问题，即"一个潜在的学生会报名该所学校的可能性是什么"。针对这个问题，Othot 公司能够做到的事情是，在招生过程当中帮助大学招生单位提前获得可以操作的判断，这样就可以在学生的大面积申请之前，把重点放在最适合的学生身上，同时最大限度地提高该大学的营销和招生资源的使用效率。

在这里有一点需要说明的是，美国的大学和中国的大学在招生体制方面存在着巨大的差异。中国的大学主要实行的是"高考制"，学生报考入学可以选择的空间并不大，即一方面要基于其高考分数；另一方面也要考虑目标大学的报考人数，在这个过程当中学生只有有限的自由选择权。同样的，多数大学在招生过程当中也没有太多的自由选择权，它们只能凭借学生的高考分数和学校的招生指数进行有限的选择，绝对做不到"一个学生一议"，也无法实现每个学生都能单独进行系统和综合评价的目标。而美国的大学则实行的是"申请制"，虽然也有所谓的高考，但其分数只是一个参考，并不起决定性的作用，而且美国的高考针对一个学生可以一年多次，并且有三个不同的类别。美国学生在选择大学时有很大的自主权，他们可以提前半年或者一年甚至更长的时间向自己心仪的大学喜欢的专业提出申请并附上两位老师的推荐信以及自己的特长信息，而大学也可以做到"一个学生一议"而且必须是"一个学生一议"，每个学生的申请都要被单独进行评价和分析，并要求学生通过网络回答相关的问题，从而可以帮助大学选择优秀的学生和更加适合专业特点的学生。在这个双向选择的过程当中，学生有可能会向多所心仪的大学提出申请，而大学也可以拒绝不符合自己要求的学生入校，于是就有可能发生"学生相中了大学但大学未必相中学生"，以及"大学相中了学生但学生却改投了其他学校"的情况，这样就会给大学的招生带来不必要的资源浪费及不必要的浪费名额。Othot 公司正是针对这种状况开发了其第一个市场，即借助自己的"云计算"平台去帮助大学招生部门提前预测最有可能加入该所大学的学生人选，从而帮助大学提高招生的准确率并节省招生资源。

"及早确定最适合的学生"就是 Othot 公司"高等教育市场"这个项目的最终目标，也是这个项目可以得到大学认可的卖点。

正如前面所分析的那样，Othot 公司的主要技术是 Calisto™，它是一个基于"云计算"的解决方案，适用于个别学生水平的预测分析，并且专注于关键性的战略问题，完全可以有效地回答大学招生部门想知道的"一个学生会被录取的可能性有多大”的类似问题。

“Calisto™ 可以精选你的招生清单和综合招生方案，它可以运用先进的方法去分析你的历史招生数据和外部数据的组合。通过将复杂的数据转化成可以理解的可能性分数，这样你就可以预测一个潜在的学生会选择进入你们学校的可能性。在你分配机构财务资源和营销美元之前，你会在这一过程中及早地得到这个信息。”

“我们的分析引擎可以产生关于‘是否是什么’的预测，所以你会知道将会发生什么，而且也会知道为什么会发生，并告诉你影响每个决定的变量和含义。借助容易理解的视觉效果可以提供最有价值的信息，帮助您可以立即进入您的招生过程，让您更好地与正确的人选取得联系。”

事实上，Othot 公司在这个过程当中要做的就是“预测可能性”，即预测哪些学生最有可能加入这个大学并确定他们这样做的原因，如成本的原因、财务援助或机构的规模等。告诉大学在行动之前招生部门决定的影响，通过预测这些活动的影响可以知道关于这个学生的入学决定。

大学招生部门与 Othot 公司进行合作可以获得的益处和便利之处具体如下。

（1）通过 Othot 公司帮助处理各种数据源，大学招生部门可以获得一个更加完整的画面，这样就可以更好地分配资源，并且在正确的时间里，使用最正确的信息，集中精力去选择正确的学生。

（2）在招生过程中可以提前确定目标学生，让他们进入大学招生的调查池中。

（3）可以更有效地分配营销资源和机构的财务资源与营销美元。

（4）可以在任何设备上实时访问运行规定的情况。

（5）可以容易地将结果集成到学生信息系统工作流程中。

（6）通过及时确定数据策略，就可以准确实现教育招生目标。

1.6.2　K-12 学校教育市场

美国人所说的 K-12 学校教育其实就相当于中国国内的基础教育，或者也可以叫做大学前教育，一共是 12 年的时间。中国的基础教育也是 12 年，在这一点上两个国家是一样的。不过在学制分配上中美两国还是略有不同，中国的小学教育是 6 年，初中教育是 3 年，高中教育是 3 年；而通常情况下，美国的小学（elementary school）是 5 年制，初中（middle school）是 3 年制，而高中（high school）是 4 年制，初一通常称做 6 年级，高一通常称做 9 年级，11 年级和 12 年级的学生就可以选择大学去申请了。

此外，美国的 K-12 学校又被分做公立学校和私立学校，有的地方公立学校的条件好于私立学校，而有的地方则正相反。通常情况下，只要在学区范围内，公立学校是可以随便上的，而上私立学校就要交纳高价的学费，这一点与国内的情况很相近。既然是以营利为目的，所以私立学校就存在着生源的问题以及相互之间竞争的现象。而 Othot 公司在此要做的事情就是帮助客户学校招到充足的且是最合适的学生，"把数据变成洞察力，丰富你的知识，帮助你进行有效的信息决策以实现你的目标。""在招生过程中发现有价值的洞察力，可以让你更好地锁定最合适的目标家庭和学生，可以帮助你最大限度地提高营销和招生资源的使用效率。"

为了实现这一目标，Othot 公司要使用的还是 Calisto™ 的技术，"Calisto™ 是一个基于云计算的解决方案，它可以提供给 K-12 学校吸引合适家庭和学生的方法。Calisto™ 在家庭层面进行应用预测分析，重点关注的战略问题是，一个家庭会让他们的孩子选择你们学校的可能性是什么"。通过运用先进的分析方法去分析其历史招生数据和外部数据，Calisto™ 可以补充学校的综合营销方案，这些数据包括详细的人口和社会经济特征。"我们的分析引擎输出可以理解的得分以报告预测的可能性，这种可能性是指潜在的学生个人以及他们的家庭将选择进入你们学校就读的比率。""你可以不断地处理新的数据以方便你能够立即发现各种决策的影响因素，这样你就可以优先考虑和集中使用你的资源以找到最适合的家庭和学生。结果显示为一个可以理解的视觉格式，它所提供的智能的洞察力可以在招生过程中同步使用。"

同理，Othot 公司在这个过程当中要做的还是"预测可能性"，即预测哪些学生最有可能进入这个学校并确定其中的原因，如成本的原因、交通时间或学区排名等。Othot 公司提供详细的洞察力和"是否是什么"的分析可以帮助 K-12 学校做出赢得家庭和学生的决定，让其可以将额外的资源分配给那些将会受到重大影响的学生。

同样的，这些 K-12 学校与 Othot 公司进行合作可以获得很多的益处和便利之处具体如下。

（1）在招生过程中提前简化相关数据的数量，这样就可以更好地决定与合适的家庭连接，并为学生获得被录取的成功机会。

（2）在招生过程中提前确定目标学生，可以增加查询池的数量。

（3）为学校未来的学生加强外部数据管理。

（4）在任何设备上都可以实时访问运行规定的情况。

（5）很容易将结果集成到学生信息系统工作流程中。

（6）及时确定数据策略，这样就可以准确实现教育招生目标。

1.6.3　汽车销售市场

Othot 公司当下选择开发和运营的第三个市场是汽车销售市场,在这个市场当中,Othot 公司可以帮助汽车销售公司借助高级的分析技术,更好地理解客户群体,从而可以洞察客户的需求以不断提高销量并扩大客户资源。"帮助你获得对车辆属性和营销有最大影响的个人层面上的洞察力,这样你就可以把重点放在重视高价值客户和最大限度地提高你的营销资源。"

众所周知,美国被称做"汽车轮子上的民族",美国人离开了汽车将不知道应该如何去生活。与此相对应的是,在美国学习开车的便利与便宜,第一步先自行学习交通知识然后直接去参加一个称做"Learner's Permit"(类似于允许学车的一个证明)的考试,考试花费大约 30 美元,不同的州有不同的规定,但是收费都很便宜。考试的内容是,从 185 个选择题当中选择 18 个在电脑上让学员进行测试,学员只要答对 15 个就可以通过,一次不通过没关系,第二天可以再来,第二次还没通过可以第三天再来,随时参加,通过为止。得到"Learner's Permit"以后,就可以直接去练车了,练车时需要一个有驾证(drive license)的成年人作陪,这个作陪的人可以是学员的家人、同事、朋友,也可以是专业的教练。如果不用专门请教练的话,接下来学员不用再花一分钱就可以去参加驾证考试了。驾证的考试,说容易也很容易,即让学员在十分钟的时间内完成三件事情:第一件事情是考官站在车子的外面让学员分别操作或指示车内的部件,如刹车、喇叭、车灯等;第二件事情是考官上车让学员做一个平行停车(parallel parking);第三件事情是让学员开车跑一个五分钟左右的路线,这个路线差不多是固定的,所以学员可以提前多次练习。说它不容易也不容易,而这样说的原因在于考官的权力比较大,不论是在什么情况下,他说通过就通过,他说不通过就不通过,根本没有商量的余地。作者的一个朋友在美国学车时第一次驾证考试就没有通过,其前面两项都很顺利,到了第三项时碰到一个右转弯,这时左面车道有一辆车左转弯,在它向左转弯的时候挡住了左侧开过来的两辆车,这个时候作者的朋友同步向右转弯并且正常行驶。这看上去没什么问题,也没有影响到刚提到的那两辆车,可是考官却坚持认为这样做是有可能会影响到那两辆车的,于是就没有通过。而考试之前,他在这个五分钟的路线上已经练习过了几十次,即使是闭着眼睛也知道应该怎么跑,而且美国法律对初学者没有不可以上高速公路的规定,所以他还在高速公路上练习过两次,因此对这个考试是信心满满的。但是没有办法,考官说不通过就不通过。没有通过就是没有通过,学员可以再约时间去考,同样是没有费用,直到考过为止。

学车方便、买车不贵、喜欢开车这三个因素造就了美国巨大的汽车销售市场，同步也促成了汽车销售市场的激烈竞争。而 Calisto^{TM} 是一个基于"云计算"的解决方案，它可以为汽车经销商提供可操作的情报来获取竞争优势，并可以帮助他们确定顾客购买特定车辆的最高可能性的前景、品牌或型号。

"Calisto^{TM} 应用预测分析聚焦于汽车销售公司的关键战略问题，即一个潜在的顾客会购买特定车辆的可能性有多大，以及什么行动对一个人购买可能性的影响最大。"

"Calisto^{TM} 补充您现有的营销方案的客户数据与社交媒体，而其他的工具很难找到其他外部数据先进的算法为每一个人来创建个人购买可能性的分数。"

"我们先进的分析技术可以帮助你进行'是否是什么'的分析，让您可以选择营销技术和可以受它影响的项目。通过容易理解的可视化数据可以帮助你立即发现可操作的洞察力，这样你就可以确定最有效的营销措施并且提高你的底线。"

与前面两个市场的运作重点相同，Othot 公司在这个过程当中要做的依然还是"预测可能性"，即预测顾客最有可能购买特定车辆的前景并确定影响每个人的购买决定的最重要的因素。

"是否是什么的场景方案可以在每一个部分和每一个前景基础上影响营销活动、客户的激励机制、销售人员和其他因素。"

与 Othot 公司进行合作的汽车销售公司可以获得的益处和便利之处具体如下。

（1）复杂的数据科学被简化成易于理解的可能性分数，可以帮助汽车销售公司自定义和优先考虑其营销工作，并且把高价值的客户关联到正确的车辆和正确的时间上，从而最大限度地提高销售总量。

（2）优化汽车销售公司的广告花费，帮助其了解每一个客户的问题，同时选择并集中营销高价值客户。

（3）可以帮助汽车销售公司评估营销活动、销售人员、模型和功能的影响。

（4）可以在任何设备上访问和运行"是否是什么"并进行实时分析。

（5）可以容易地整合现有的客户关系管理平台。

（6）可以帮助汽车销售公司揭示特别有价值的客户，使汽车销售公司可以因此建立最有效的营销策略。

1.7　未来发展方向

对于未来的市场，Andy Hannah 充满了信心，作者关于此向他提出了一个具体的问题，即你们公司下一个目标市场是什么。

　　Andy Hannah 说，Othot 公司的下一个目标市场是"职业选择"，也就是要帮助用人企业去选择最为合适的员工。在现代社会激烈的竞争当中，"得人才者得天下"是一个共识，但是如何得到人才，如何培养人才，如何培训人才，这对于任何一个企业而言都是一个既费时也费力更费金钱的事情。Othot 公司要做的就是利用自己的强大预测技术去帮助企业物色合适的人才，即招到有培养价值的员工，从而避免招到不合适企业的人才，或者人才进入企业以后找不到用武之地又抽身离去的状况。如此的发展思路相当于是把人力资源管理咨询的事情向前推进了一个阶段，即进入人才选择和人员吸纳的阶段。后文中本书所研究的国际维度公司就是一个人力资源管理咨询公司，其在做的事情是帮助其他企业培训人才，培养人才的领导能力，这是传统意义上人力资源管理咨询的主要业务。而 Othot公司的做法是把这个过程提前，从人员入口开始帮助企业做好人力资源管理的工作，从而最大限度地降低人力资源管理的成本，最大可能地规避人才与企业不相适应的风险。

　　除了职业发展市场以外，Andy Hannah 说，房地产销售市场也是 Othot 公司计划要进入的领域，因为"公司的初期战略目标是发展十个最有价值的市场"。

第2章 美食公园餐饮公司的企业文化与商业模式

说到餐厅企业，人们经常认为其属于一个做不大的行业或者是很难做大的行业，因为受到地域资源、地域文化和消费习惯的限制，餐厅企业不太容易走向全国更不容易进军世界。可是美国的餐厅企业或者餐饮行业却给人们留下了不同的印象，如麦当劳、肯德基、汉堡王、必胜客这样的餐厅，不仅在美国遍地开花，而且还在全世界"跑马圈地"，它们的做法、管理和企业文化非常值得中国餐饮企业认真学习。

在本章中介绍和分析的也是一家美国餐厅企业以及这家餐厅企业所属的餐饮集团，虽然它的规模没有麦当劳、肯德基、汉堡王、必胜客那么大，但是 8 000人的员工队伍和在美国比较繁华的三个州的广泛布点也赋予其不可小视的经营实力。最主要的一点在于，这家餐厅企业的经营非常有特点，管理工作做得极其细致，企业文化建设的工作讲究细节，而且管理效果十分显著，是作者在美国直接访谈的第二个企业。在对企业的访谈过程当中，作者非常有幸地与美食公园餐饮公司的 CEO 同时也是其所属集团，即美食公园酒店集团的 CEO——Jeff Broadhurst进行了面对面的交流，获得了比较丰富的关于这家有着六十七年发展历史的家族企业的第一手资料。

针对本章，作者做了如下设计：2.1 节介绍美食公园餐饮公司的基本情况以及企业特有的以"微笑"文化为代表的"企业使命"和"企业愿景"；2.2 节介绍美食公园酒店集团的几个主要品牌，通过介绍可以看出集团以及企业的"经营特点"和"经营理念"；2.3 节分析并介绍美食公园餐饮公司的五个核心价值观，即关心他人，热心于美好的食物，用心于不断地创新，小心对待公司的财务资源，专心地坚持正直诚实、多元发展和勇担责任的企业文化，以及这些价值观的由来和公司 CEO 对其中部分价值观的解读；2.4 节分析美食公园餐饮公司平等的员工管理理念及其具体的管理方法，这是美国公司企业文化的一个特色，并且在《美国杰出公司企业文化研究》一书当中用了一章的篇幅对此做过专题研究；2.5 节解读美食公园餐饮公司在经营管理过程当中的与众不同之处，也就是企业自身认为之所以能够成功的主要原因，即基于企业可以热情且热烈地为员工和所在的社区服务换来的企业员工可以一直能够热情且热烈地为顾客服务，从而帮助企业实现"我们是谁"的任务，获得了顾客广泛的认可从而赢得了巨大的收益；2.6 节介绍美食公园餐饮公司最具特色的农场资源，它是美食公园酒店集团当下可以持续成功的最大竞争优势，从中还体现出了美食公园餐饮公司企业文化当中的诸多诉求。

2.1　企业情况介绍与企业使命和企业愿景

2.1.1　美食公园餐饮公司企业情况介绍

成立于 1949 年的美食公园餐饮公司是一家家族经营性质的连锁企业，最初它只是一个名不见经传的路旁餐厅，现在已经发展到拥有员工 8 000 多人的规模，经营范围横跨宾夕法尼亚州、俄亥俄州和西弗吉尼亚州，与"门廊饭店"、"你好小酒馆"、"宾夕法尼亚六厨房"、"美味原生态"和"帕克赫斯特晚餐"同属于美食公园酒店集团，在当地都是非常具有知名度的酒店。

美食公园餐饮公司为客人提供早餐、中餐和晚餐，菜单上的食物非常丰富多彩，包括不限量可取的汤、采用最新鲜蔬菜和水果供应的沙拉和水果吧、手工自制的面包鱼、鸡肉面条汤、经典的超级汉堡等。作者在美国访学的一年里就经常光顾这些酒店，因为其很有特色而且各有偏重，与在国内所见西餐厅有很大的差别。

2.1.2　美食公园餐饮公司的企业使命与企业愿景

本章主要分析的"企业使命"和"企业愿景"既是美食公园酒店集团的，也是美食公园餐饮公司的，事实上它们的经营理念和商业模式也是统一的，难分彼此，都是源自于现任 CEO 杰夫（Jeff Broadhurst）和其父母亲的管理思想。

与 CEO Jeff Broadhurst 的面谈是在 2016 年 6 月 9 日进行的，那天的天气非常好。在初夏的时节，经过了高温和降温的几轮折腾以后，天高云淡，不冷不热，非常适合老朋友们见面聊天。作者在美国的老师 John 与 Jeff（杰夫）本来就是老朋友，当我们驱车抵达美食公园餐饮公司同时也是美食公园酒店集团的总部大楼时，时间是上午 10 点整。在 Jeff 位于二楼办公室外面的会议室里我们见到了他，他给人的第一印象是一个充满活力的中年人，2 米左右的身高看上去非常挺拔（图 2-1）。与 Othot 公司的总裁 Andy Hannah 先生有所不同的是，他讲话的语速非常快，思维非常敏捷，这让作者的英语听力受到了极大的考验。环顾他的办公室和会议室，可以看出，其面积很小，也没有什么讲究，由此判断出这是一个务实不务虚的企业家；从放在桌子上的几个漂亮的橄榄球也可以看出，这也是一个喜欢运动的 CEO。

图 2-1　Delaney John Thomas、Jeff Broadhurst 和李文明

本次面谈的第一个问题是关于美食公园餐饮公司的企业使命和企业愿景，在 Jeff 看来，美食公园餐饮公司的企业使命与企业愿景是融合在一起的，那就是"create a smile for everyone, everyday and at any place"，翻译成中文就是"每天在美食公园餐饮公司所有的地方都要为顾客以及所有的人创造微笑"。可以看出，这个企业使命的描述非常具有特点，它的核心思想就是"微笑"，通过自己的微笑为别人创造可以微笑的机会。而这也是美食公园餐饮公司最主要的企业文化，更体现在公司的每一个酒店里，甚至每一名员工身上，公司特别设计的"微笑"LOGO 更是在公司的所有角落随处可见。当我们初进公司大楼的时候，已经有了这种认识，接待我们的人员每一个都是面带微笑的，尽管程序很是严格，不仅要登记，要电话确认，而

且还要佩带公司专门制作的胸牌，并由专人引导，但是所遇到的每一个员工的微笑都是真诚的。更有意思的是接待人员会像酒店服务员一样微笑着让你选择喝的东西，如水、饮料、咖啡，在没有正式会谈之前这些事情要先确定，如果你很客气地说不用的话，那么在正式会谈的时候就真的什么也没有。而在你离开公司的时候，她们又会微笑着送给你带有公司微笑 LOGO 的曲奇，祝你天天好心情。

沿着"微笑"这个话题，我们追问的另外一个问题是"How to do"，也就是如何才能做到呢，如何才能把这个"微笑"的理念变成员工的思想而且体现在日常的工作过程当中呢？Jeff 的回答让我们感觉既有趣又有效，他反问我们一个问题："你知道我们在招募员工的时候所看重的第一个条件是什么吗"？我们的理解无非就是长得好看，有不错的修养、有工作经验、有学历、年轻、有上进心、有工作热情、有耐心等。可他的回答是，"我们注重的第一个条件就是看这个人会不会笑"，如果这个人是一个 happy、friendly 和 smiley 的人，也就是快乐的、友好的和爱笑的人，我们立即就录用他，无论他是否有学历，也无论他是否有工作经历。没有学历不要紧，没有经验不要紧，只要这个人能够友好地对待他人，自己开心也愿意分享他们的微笑，其他的事情都可以通过培训完成。相反的，如果一个人不是那么的友好，每天很压抑，见到别人不愿意微笑，那么这样的人无论其他方面的条件有多么优秀，公司也一概不予考虑。

这真是一个好办法，所谓企业文化者就是体现在员工身上的理念和特质，即员工做不到的事情，公司无论如何提炼，无论怎么强调都是没有用的。而员工轻易就能做到的事情，而这样的事情又是人们喜欢的，并被公司界定为企业使命和企业愿景了，这对于员工、顾客和企业而言岂不就是三赢或者多赢吗？当然，Jeff 在这里只是带一点开玩笑的性质说出了其如何为顾客创造微笑的办法之一，而美食公园餐饮公司如何激励和鼓励员工能够充满热情地、善意地和微笑着为顾客服务的具体措施还有很多，将在后面章节继续研究。

2.2　企业品牌介绍与企业经营理念

美食公园餐饮公司是美食公园酒店集团的前身和主体，而且美食公园餐饮公司的 CEO 也是美食公园酒店集团的 CEO，所以对美食公园餐饮公司企业文化与企业管理的研究同时也就是对美食公园酒店集团相关内容的研究。所以，首先要全面地介绍一下美食公园酒店集团的几个品牌，从而可以帮助人们深入地理解美食公园餐饮公司的发展取向以及美食公园酒店集团的经营理念。

2.2.1　美食公园酒店集团品牌介绍

美食公园酒店集团本身就是一个品牌，而美食公园餐饮公司是另外一个品牌，在它之下还有另外六个方面的品牌，即前文所提到的"门廊饭店"、"你好小酒馆"、"美味原生态"、"宾夕法尼亚六厨房"和"帕克赫斯特晚餐"，此外还有一个品牌是"微笑曲奇"，它是一个在线的网络商店。

下面分别介绍一下美食公园酒店集团对八个品牌的描述。

美食公园酒店集团（图 2-2）是 67 年（自 2016 年起向前计算）以前自匹兹堡市一个小饭店起家的集团企业，它的前身就是美食公园餐饮公司，现在已经发展成为一个注重个性化餐饮概念的区域餐饮组合，旗下有六个风格不同的餐饮品牌和一个在线服务的餐饮公司。现在每年为 5 000 万个以上的客人提供服务，服务的范围重点在大学和企业，其在线服务的业务可以直达美国的每一个州。

图 2-2　EAT'N PARK 酒店集团

美食公园餐饮公司（图 2-3）是成立于 1949 年的匹兹堡地区的第一家路旁餐厅，是美食公园酒店集团的第一个饭店，它在当时带动了整个路旁餐饮行业的全面发展。现在路旁餐厅虽然已经消失了，但美食公园餐饮公司已经在超过 65 个地点的区域开设了分店，广泛分布在宾夕法尼亚州、西弗吉尼亚州和俄亥俄州。在美食公园餐饮公司有一个始终未变的承诺，即为顾客提供最美味的食物，让顾客感受最非凡的价值，向顾客提供最优秀的服务。

图 2-3　EAT'N PARK 餐厅

你好小酒馆（图 2-4）注重为顾客提供城市环境当中的新口味，它在经典和前沿共存的十字路口，组合提供美食公园餐饮公司最受喜爱的和最新鲜的美食，它的沙拉组合有 65 种可供选择的食材，包括蔬菜、水果、各种豆子、肉、海鲜以及各种各样的料汁，此外还有美味的汉堡和三明治。

图 2-4　你好小酒馆

　　美食公园酒店集团深以为骄傲的美味原生态饭店（图 2-5），每天交替提供给顾客的是外观宜人、营养丰富、容易吸收的新鲜水果和蔬菜汁与果汁，它们是优雅的和健康的美食小吃。饭店制作的每一样食物都取自新鲜的、原生态的、高质量的原材料和可以确保营养价值最大化的食材，饭店敢于承诺提供的都是诚实的和真实的产品，里面没有氧化剂、添加剂和防腐剂。在日常生活当中，无论是开始一个果汁之旅或只是寻找一个轻松愉快的方式来增加更多的营养，美味原生态都会满足顾客的需要。

图 2-5　美味原生态

　　宾夕法尼亚六厨房（图 2-6）是一个休闲而优雅的美国餐厅，它为顾客提供非常具有特色的和体贴的美食。餐厅的菜单突出季节性的成分并采取了一个最新的方法来保证区域的经典。从餐厅厨房的储存和酱汁到自制的柠檬酒和特制的伏特加酒，每一样食物都是经过精心制作和认真准备的。在宾夕法尼亚州匹兹堡市文化街区的中心位置，现代化的两层餐厅可以提供私人活动的空间。当天气允许的时候，客人们可以充分利用餐厅露天屋顶酒吧去感受一种轻松和惬意。

　　门廊酒店（图 2-7）是繁华的奥克兰区充满活力的心脏地带附近的一个餐厅，它坐落在美丽的匹兹堡大学广场边上，这是一个"为你而来"的新概念，它没有餐厅预订，注重服务于大学、社区和邻近公园的常客。门廊酒店利用取自合作农场的食材为顾客制作简单、新鲜且美味的食物。门廊酒店是一个可以记录真实日

图 2-6　宾夕法尼亚六厨房

常生活的地方，是一个可以休闲和放松的餐厅，是一个特殊的场合或目的地，在这里可以享受美景和声音，可以在无风的日子与新老朋友们喝着冷饮共同放松。

图 2-7　门廊酒店

　　帕克赫斯特晚餐（图 2-8）服务始于 1996 年，是专门为企业和私人高等教育机构在整个大西洋中部地区建立个人关系和体验真实烹饪的地方。作为一家以烹饪为中心的餐饮服务公司，餐厅为每一个人提供个性化的餐饮服务，为满足每个客户的特殊需求而定制高品质的服务项目。餐厅才华横溢的团队成员一起工作来创造创新的菜系，以满足不同人群的需求。通过 Hemisflavors 项目，客人可以品尝到世界各地的地道美食。美食公园酒店集团著名的农场资源可以确保首席厨师能够自始至终使用最新鲜的和最健康的食材去制作食物。通过这种独特的方法，餐厅将自己定位为现场用餐的领导者。

图 2-8　帕克赫斯特晚餐

　　微笑曲奇.COM（图 2-9）是美食公园酒店集团的在线商店，它可以向美国各地提供美食公园餐饮公司新鲜烘焙的、手工制作的微笑曲奇。微笑曲奇.COM 可以让顾客轻松地与任何一个人在任何时间和任何地点去分享微笑。公司著名的微笑曲奇被做成庆祝的心形、三叶草、小兔子和南瓜灯，非常适用于各种各样的节日以及特殊的场合。除此之外，公司还可以提供各种各样的颜色组合。顾客也可以订购定制的曲奇以配合婚礼的颜色、运动队、企业标志和更多场合。公司可以为任何地方提供新鲜的曲奇，通过微笑曲奇.COM 订购的曲奇都是经过严格认证的，上好的坚果，无反式脂肪，有 100%的保证。

图 2-9　微笑曲奇.COM

　　在访谈过程当中，针对美食公园酒店集团的这几个品牌，Jeff 向我们透露了未来的发展战略和运营重点。根据他们的规划，美食公园餐饮公司未来将继续保持在宾夕法尼亚州、俄亥俄州和西弗吉尼亚州的全面布局和领先地位，而"你好小酒馆"和"帕克赫斯特晚餐"将成为公司未来发展的重点，其主要目标是占领至少美国八个州的市场，而且现在已经扩展到了芝加哥和拉斯维加斯等知名城市。

2.2.2　从美食公园酒店集团的公司品牌管理看其企业经营的理念

　　事实上，在与 Jeff 面对面的交流之前，可以在美食公园酒店集团的网站上找到大量的关于企业文化与商业模式的资料，也可以非常清楚地知道美食公园酒店集团的八个品牌的内容。所以，当与 Jeff 真正坐下来交流的时候，我们提出的第二个话题不是美食公园酒店集团有什么样的品牌，而是美食公园酒店集团会为什么有这么多的品牌，而未来还会不会再开发其他方面品牌的话题。

　　根据 Jeff 的介绍，美食公园酒店集团之所以会有这么多的品牌主要是源于他的兄弟 Mark 在十几年前的主意，其目的是为了满足不同层次的顾客对美食的不同要求，此外也是为了分散单一品牌经营的风险。再者，美食公园酒店集团未来还将推出更多的品牌，这些工作目前还处于研究与开发的过程当中，是以还不方便向外透露其中的细节。

　　基于以上我们针对美食公园酒店集团企业使命和企业愿景的了解，再加上公司 CEO 对美食公园酒店集团几个品牌的内容介绍，从中除了可以看出美食公园酒店集团的匠心独运以及对于餐饮行业的完美解读以外，还可以梳理出如下三个方面的经营理念。事实上，正是在这些理念的指导下才形成了美食公园酒店集团多元化的餐饮经营模式。而经过细致解读以后的这些理念，应该可以成为中国餐饮类企业借鉴和学习的对象。

1. 吃的环境和吃的文化与吃的内容同样重要

人们到餐厅（饭店）去做什么？很显然，是为了"吃"或者"喝"，想吃的原因是饿了，想喝的原因是渴了，这就是传统意义上所理解的"到餐厅吃饭"或者用中国话讲就是"下馆子"。

可是在现代社会当中，如果所有的客人只是想吃饭或者想喝水而到餐厅去，那么这样的餐厅就一定不会赚大钱，它们往往只能卖快餐（fast food），而卖快餐不是不能赚大钱，只是能够赚大钱的快餐店实在是凤毛麟角。

那么，什么样的餐厅才能赚大钱呢？当然是能够把客人长时间留在餐桌旁的餐厅才能够赚大钱，也就是说，如果想要赚客人更多的钱那就要把客人留住，要让他们待在餐厅里慢慢地消费，慢慢地花钱。

可是如果客人不喜欢你的餐厅，或者是不喜欢餐厅的环境，那么他们无论如何都不会在这里多做停留的，正如在国内看到的很多小吃店那样，环境比较差，人员杂乱，服务态度也不好，所以客人只能快快地吃，匆忙地走，甚至是打个包就好，绝对不愿意多做停留。

看来，吃饭的环境对于吃饭的客人来讲真的很重要。

同样是快餐店，虽然麦当劳、肯德基所卖的食物主张不多吃，但是即便不吃饭，顾客也愿意到它们的店里去坐一坐，夏天很凉快，冬天很温暖，而且服务人员的态度也好，洗手间很干净，还提供免费的洗手液和纸巾。此外，多数的店里为小孩子们安装了游乐屋和滑梯，有时还送点小玩具或者给小朋友们过生日，所以小朋友们都喜欢这里，这里除了卖吃的还卖饮料和冰激凌，谁家的孩子能够抵制住这些东西的诱惑呢，他们想吃你能说不买吗？哪怕是大人，既然坐下了不吃什么总要喝点什么的，如果真是饿了的话吃点什么东西也无妨，何况食物还很美味。这样想的人太多了，有事没事去坐一下的人更不少，所以它们的生意也就火了。为什么火了呢？就是因为食物好吃吗？那肯定不是的，要说食物的美味，还有哪个国家的食物能够比得上中国的饭菜好吃，只是吃的环境在其中发挥了更加重要的作用。由这种环境所营造的吃的文化最为关键，干净、友好、便利、快捷，并且为顾客着想，让顾客舒心，然后让顾客快快乐乐地消费。

可以来看一下美食公园酒店集团所拥有的几个品牌餐厅，都是将吃的环境与吃的文化很好地与吃的食物进行有机结合的典范。例如，其中之一的宾夕法尼亚六厨房，"它是一个休闲而优雅的美国餐厅"以及"我们现代化的两层餐厅可以提供私人活动的空间。当天气允许的时候，客人可以充分利用我们的露天屋顶酒吧去感受一种轻松和惬意。"事实上，有了这样的环境就不只是留住顾客而已，而是让顾客来了之后还想再来，来了之后不愿很快就走，甚至是客人长时间不来了会觉着生活当中少了点什么。如果是这样，当顾客想到这个餐厅时首先想到的也不一定是食物而是环境，环境如此舒服再加上美味的食物留给顾客的就是一种享受。能够称之为享受的就餐环境自然会形成一种文化，这种文化会给企业带来无尽的活力和稳定且持续的发展空间。

再看一下门廊酒店，它"坐落在美丽的大学广场边上，是一个可以休闲和放松的餐厅，是一个特殊的场合或目的地，在这里你可以享受美景和声音，可以在无风的日子与新老朋友们喝着冷饮共同放松"。事实上，根据作者的亲身感受，前面这句话还没有完全解读出在门廊酒店用餐的美好与惬意，所以可以再做一点补充描述，以作为吃的环境与吃的文化对吃的企业之较重要的更加有力的例证。

门廊酒店与匹兹堡大学的图书馆隔街比邻，不远处就是美国第二高的大学教学楼，即匹兹堡大学教学楼，另外一侧与一个很大的草坪接壤，在阳光好的日子里，会有很多的人在草坪上面活动。门廊酒店靠着草坪一侧的外面有很多的就餐座位，人们可以坐在那里感受清风，品味阳光，欣赏音乐，喝着啤酒和咖啡聊天，当然也可以只是坐在那里，看草坪上的美女和帅哥把草坪当做沙滩躺在那里晒日光浴，看一大群的小鸟争相抢夺洒落在草坪边上食物的碎屑。美国的草坪与中国国内的草坪有不同的功能，即国内的草坪是给人看的，能看不能踩，所以到处都有"勿踏草坪"及"小草青青，足下留情"的牌子。而美国的草坪是供人们使用的，除了能看以外，人们还可以在上面睡觉，可以在上面野餐，可以在上面玩各种球类，也可以在上面奔跑嬉戏。更有甚者，作者参加过一次草坪上的集市，所有的人都在草坪上摆摊卖东西，而且还把汽车与卡车也停在上面，真不知道它们为什么这样耐压，也不知道国内的草坪为什么那么娇贵。坐在门廊酒店里也可以透过大落地窗户看到外面的风景，所以在门廊酒店用餐的人们都不着急，边吃边看，边吃边聊，因此门廊酒店的座位总是满的，几乎都要排队。门廊酒店的厨房是开放式的，十几个厨师在里面忙而有序，餐厅的服务员很多，如前面企业使命要求的那样，他们总是微笑着服务，而且是真心地在微笑。在厨房与吧台中间就是烤制披萨的火炉，里面烧的全是木柴，整个披萨的制作过程顾客都可以参观。吧台上有各种各样的红酒和啤酒，啤酒的种类多达上百种。餐厅内部有很高的吧台桌椅，也有正常的餐桌椅，一切看上去都很整洁有序。最吸引顾客的是可以观看吧台的服务员调制各种酒类和饮料的过程，即将很多的原料组合到一起，再放上鲜花或水果，总而言之好喝与否不知道，好看是肯定的。

说到这里你可能也想去感受一下了吧，这就是好的吃的环境与吃的文化能够给客人带来的好的效果，对客人有效果自然就是对企业有效益了，所以没有人知道门廊酒店为集团赚了多少钱，但一定是很多钱——a lot of money。

2. 新鲜与健康

人们到餐厅虽然不只是为了吃吃喝喝，但其中最主要的目的还是吃喝，吃是为了吃饱，喝是为了喝饱。但是一个餐厅只是做到让客人吃饱或者喝饱还是赚不到大钱，如果要想赚大钱那就要让顾客吃得好，喝得也好才行。怎么才算是吃得好喝得好呢？在不同时期和不同的地域虽然会有不同的要求，但有一点是肯定的，那就是食物要好吃、东西要好喝才能保证顾客可以吃好可以喝好。那怎么样才算是食物好吃、东西好喝呢？在传统意义上，可以理解为中国食物好的标准，即"色、香、味俱全"，其中"色"是满足眼睛的需要，"香"是满足鼻子的需要，"味"是满足嘴巴的需要，三者缺一个不可。但是现代意义上好食物的标准还远不止于此，它还要求食材新鲜、营养均衡、有益健康。对于追求高价值的食客而言，后面三个标准更重要。当然，如果一个餐厅能够把食物既做到"色、香、味俱全"，又可以保证食物的新鲜、营养和健康，那么该餐厅就一定会成为一个非常具有吸引力的地方，进而可以生意兴隆、财源广进。

再来看美食公园酒店集团所拥有的几个品牌餐厅，其实都在追求这种目标，"在美食公园餐饮公司有一个始终未变的承诺，即为顾客提供最美味的食物，让顾客感受最非凡的价值，向顾客提供最优秀的服务"。"你好小酒馆注重为顾客提供城市环境当中的新口味，它在经典和前沿共存的十字路口，组合提供美食公园餐饮公司最受喜爱的和最新鲜的美食。""我们深以为骄傲的美味原生态饭店，每天交替提供给顾客的是外观宜人、营养丰富、容易吸收的新鲜水果和蔬菜汁与果汁，它们是优雅的和健康的美食小吃。我们制作的每一样食物都取自新鲜的、原生态的、高质量的原材料和可以确保营养价值最大化的食材，我们敢于承诺提供的都是诚实的和真实的产品，里面没有氧化剂，没有添加剂，也没有防腐剂。""门廊酒店利用取自合作农场的食材为顾客制作简单、新鲜且美味的食物。""帕克赫斯特晚餐借助我们著名的农场资源可以确保我们的首席厨师能够自始至终使用最新鲜的和最健康的食材去制作食物。"

3. 多元的多元化

通常意义上，可以理解一个餐厅企业发展的基础是它美味的和有特色的食物，有了多元美味的食物就可以稳定地吸引顾客，就可以确保餐厅企业的生意兴隆。

　　首先可以肯定的是这种理解是对的，但是了解了美食公园酒店集团企业几个品牌经营的理念以后，作者又觉得它还不够完整，也就是说多元化的美食只能算做可以确保企业稳定发展的多元化之一，除此之外还应该有其他方面的多元化思考，如多元化的顾客、多元化的环境、多元化的文化等。当然，在所有多元化的考虑之中，持续地满足顾客多元化的需求是其中的关键。

　　中国的餐厅企业往往比较注重以多元化的食物满足顾客多样化的需要，并因此开很多的分店并力争保持同样的装修风格与菜品风格，通过比对美食公园酒店集团的做法来看，如此多元化的发展思路仍然是不够的，中国餐厅企业的多元化甚至还称不上是多元化，只能算做一种连锁经营模式而已。正如前文分析的那样，人们到餐厅去的目的不只是为了吃饭，还可能存在其他一些目的，如为了交友、为了放松、为了谈判、为了沟通、为了享受生活、为了浪漫的爱情及为了感受不同的感受等。所以说，有实力又想多元化发展的中国餐厅企业，也应该如同美食公园酒店集团一样，打造多种风格且可以满足顾客多种需要的餐饮品牌，并要特别注重不同餐饮文化的营造，以这种形式的多元化来满足顾客真正意义上的多元化需求。

　　接下来深入地分析一下美食公园酒店集团的做法，它们可以算得上是把餐厅经营多元化的理念和模式做到了极致。

　　首先是注重食物的多元化，即"有不限量可取的汤，有基于最新鲜蔬菜和水果供应的沙拉和水果吧，有手工自制的面包鱼，有鸡肉面条汤，还有经典的超级汉堡"，"你好小酒馆的沙拉组合有 65 种可供选择的食材，包括蔬菜、水果、各种豆子、肉、海鲜以及各种各样的料汁，此外还有美味的汉堡和三明治"。"从我们厨房的储存和酱汁到我们自制的柠檬酒和特制的伏特加酒，每一样食物都是经过精心制作和认真准备的。"

　　其次是注重餐厅环境的多元化，"门廊饭店"、"你好小酒馆"、"宾夕法尼亚六厨房"、"美味原生态"、"帕克赫斯特晚餐"及"美食公园餐饮公司"，这些饭店除了提供的食物不一样以外，每一家的设计风格也完全不一样，如此多样的设计完全可以满足顾客多元化的需求并将顾客留在集团所属的餐厅企业范围之内。

　　最后是非常注重顾客本身的多元化，除了多元化的需求以外，还包括多元化的身份等，关于这一点体现最为明显的就是美食公园酒店集团下属的"帕克赫斯特晚餐"，因其"作为一家以烹饪为中心的餐饮服务公司，可以为每一个人提供个性化的餐饮服务，为满足每个客户的特殊需求而定制高品质的服务项目。才华横溢的团队成员一起工作来创造创新的菜系，以满足不同人群的需求。通过这种独特的方法，将自己定位为现场用餐的领导者"。

2.3 企业的价值观

美食公园餐饮公司的餐厅有五个核心价值观，这五个价值观既是引导企业开展业务的方式，也是企业可以做出正确决定的基础，通过此五个价值观可以比较全面地反映公司的整体企业文化形象。这五个价值观分别如下：关心他人，热心于美好的食物，用心于不断地创新，小心对待公司的财务资源，专心地坚持正直诚实、多元发展和勇担责任的企业文化。用中国汉语语言的特点把美食公园餐饮公司的企业价值观概括为"五心"体系，即"关心"、"热心"、"用心"、"小心"和"专心"，也即为关心他人、热心美食、用心创新、小心于财务、专心于坚持企业的核心文化。

2.3.1 关心他人

根据 Jeff 的介绍，美食公园餐饮公司的第一价值观是"关心他人"（WE CARE ABOUT PEOPLE），如图 2-10 所示。引申一下这句话的意思就是——我们彼此关心，关心我们的客人，关心生活在我们工作区域的所有家人。

WE CARE ABOUT PEOPLE

图 2-10 "关心他人"

当被问到为什么选择这样的一个价值观作为第一价值观时，Jeff 讲道，这样的思想源自于他的父母，在 67 年前美食公园餐饮公司刚开始成立的时候，这个价值观就已经存在了。或许那个时代的人与现在的人不一样，人与人之间的相处更友好、更亲近，人与人之间的关系也是以人为中心的，而不是以利益或者物质为中心的。经过 67 年的实践验证，这是一个很好的思想，而且美食公园餐饮公司也从中受益多多，所以就保留了下来，并且还将继续延用下去。

为了做到"关心他人"这一点，美食公园餐饮公司努力为顾客、所在的社区和邻居们做事情，以此来向他们说明公司"Who we are"的理念，也就是告诉他们"我们是谁"，即我们是你们的朋友，我们是你们的伙伴，我们是你们的家人，我们是你们的好邻居。所以请你们相信我们，请你们信任我们，请你们喜欢我们，请你们经常光顾我们的餐厅。

　　为了体现这一价值观，美食公园餐饮公司从如下五个方面进行落实：①每年拿出一千万美元资助儿童医院；②与几百个非营利性组织保持密切的联系，公司每年会拿出百分之五的税前收入去支持它们的活动；③分享微笑活动，支持家庭健康和家庭健身；④成长的微笑，为人们尤其是为孩子们提供健康的食品，帮助他们接受良好的教育；⑤英雄的微笑，提高退伍军人和他们的家庭生活水平。

　　下面三个图形就是公司"微笑三服务"，即分享微笑活动、成长的微笑和英雄的微笑的标志（图 2-11）。

（a）支持家庭健康和家庭健身

（b）为人们尤其是为孩子们提供健康的食品，帮助他们接受良好的教育

（c）提高退伍军人和他们的家庭生活水平

图 2-11　微笑三服务

2.3.2　热心于美好的食物

美食公园餐饮公司的第二价值观是"热心于美好的食物"（WE ARE PASSIONATE ABOUT FOOD），如图 2-12 所示，其主要用意就是在食物生产和服务方面坚持严格的标准，并按照客人的需要去制作更具特点的多样化的食品。这是美食公园餐饮公司立身之本，也是全面发展的基础。

WE ARE PASSIONATE ABOUT FOOD

图 2-12　"热心于美好的食物"

为了体现"热心于美好的食物"，美食家园餐饮公司与 200 多个地方农场建立了长期的合作关系，并由这些各种类型的农场为餐厅提供每天所需要的食材。有了这样一个基础，美食公园餐饮公司可以做到，"只要有可能我们都会提供新鲜、卫生的食品，从本地采购原料。我们每一天都会手工切水果，手工制作面包鱼，只卖当天烤制的面包，用手工取料制作红辣椒和鸡肉汤"。

食材新鲜，完全手工制作，注重口感与品质，再加上微笑服务，这些就构成了美食公园餐饮公司的绝对竞争优势。

2.3.3　用心于不断地创新

美食公园餐饮公司的第三个价值观是"用心于不断地创新"（WE EMBRACE INNOVATION），如图 2-13 所示，美食公园餐饮公司对这一价值观的解释是，"我们的市场、我们的顾客和我们生活的世界总是在变化当中，所以我们也必须不断地寻找可以进步和提升的方法。我们不是为了改变而改变，我们改变的目的是让我们和我们所在的社区变得更加美好"。

WE EMBRACE INNOVATION

图 2-13　"用心于不断地创新"

根据 Jeff 的介绍，为了促进美食公园餐饮公司创新工作的全面发展，其制定了一个政策，而该政策的核心思想包括三个方面的内容：第一个方面是允许员工犯错误，如果一个公司对于员工犯错误的态度是"零容忍"的话，那么该企业的创新工作就会出现"零动力"，创新的工作因此就不可能全面展开。第二个方面是在第一个方面的支持下，美食公园餐饮公司所有员工都可以考虑创新的事情，都可以参与创新的工作，美食公园餐饮公司因此会不断地推出更加灵活的菜单，更加注重提升技术方面的水平，更加强调各种菜品的更新速度等。第三个方面是稳步前进，也就是在创新提供的大动力推动下确保美食公园餐饮公司各个方面的工作都可以快速地向前发展，同时又不忘安全和以顾客为中心的理念。所以概括起来说，"用心于不断地创新"可以表述为六个字，即"犯错"、"创新"和"前进"。

2.3.4　小心对待公司的财务资源

美食公园餐饮公司的第四个价值观是"小心对待公司的财务资源"（WE ARE FISCALLY RESPONSIBLE），如图 2-14 所示，美食公园餐饮公司对这一价值观的解释是，"公司稳定的财务状况是我们现在成功和将来可以成功的关键，我们致力于长远的目标，稳妥地处理公司的财务资源，以方便于为我们的股东、团队成员、顾客和消费者服务"。

WE ARE FISCALLY RESPONSIBLE

图 2-14　"小心对待公司的财务资源"

2.3.5　专心地坚持正直诚实、多元发展和勇担责任的企业文化

美食公园餐饮公司的第五个价值观是"专心地坚持正直诚实、多元发展和勇担责任的企业文化"（WE BELIEVE IN A CULTURE OF INTEGRITY, DIVERSITY AND ACCOUTABLITY），如图 2-15 所示，美食公园餐饮公司对这一价值观的解释是，"我们用真诚对待我们的顾客以及我们的团队伙伴，我们看重多样性的观点，它们可以来自每个人，也当然可以来自于所有的人"。

WE BELIEVE IN A CULTURE OF INTEGRITY, DIVERSITY AND ACCOUNTABILITY

图 2-15　"专心地坚持正直诚实、多元发展和勇担责任的企业文化"

2.3.6   对美食公园餐饮公司公司企业价值观的评述

分析以上五个方面的价值观可以看出，美食公园餐饮公司对人的"关心"，对事的"热心"和"用心"以及对企业经营与管理的"小心"和"专心"。除此之外，从中还可以得出三个方面的启发，具体如下。

（1）要确保企业的价值观是有效的而不只是口号，就必须将之与具体的行动结合起来，在行动当中培养，在行动当中强化，在行动当中使之落地，然后再回头由之更好地指导行动。正如可以看到的那样，支撑美食公园餐饮公司关心他人的价值观的是五个非常具体的活动，而且这些活动一直在坚持着进行，绝对不会随便终止。

（2）可以看出，美食公园餐饮公司所有的价值观多数都是利他的设计，都是在考虑如何把公司管理好，如何为顾客服务好，如何把相关利益者照顾好，事实上只有这样利他的设计才能确保企业的全面发展，而当企业全面发展了，其背后利己的目标也就实现了。所以说，利他是手段，利己是目标，而利他既然是手段那就越多越好，而利己既然是目标那就只此一个，故不用多做宣传，只要把它埋在利他的行动当中就好。

（3）此外，也可以看出，美食公园餐饮公司多数的价值观都是在强调一种美好，通过这种针对美好的强调，既可以给人以动力，也可以给人以激励，还可以给人以向往，所有的人基于这种动力、激励和向往就可以产生并且充满正能量从而可以每天都微笑着工作。而让所有的人都能够充满正能量的企业价值观一定是优秀的企业价值观，它代表的就是优秀的企业文化。

2.4   平等的员工发展理念

美食公园餐饮公司的员工理念与大多数的美国杰出公司是一样的，其坚持多样化使用人才，并且承诺给予人才公平发展的机会，而且希望员工能够与企业建立紧密的关系。

"在美食公园餐饮公司，我们希望能够吸纳到最好的和最聪明的员工，来帮助我们不断地成长和持续地获得成功。我们希望员工们能够在这里得到尊重，可以自由地发展，可以直接称呼公司 CEO 的首名字，可以与企业高层融合到一起，打成一片。"关于这一点，在一个上午的访谈中作者深有体会，在进入会议室之前，引导员工是直接称呼 Jeff 的；在合影的时候，两个帮助我们拍照的员工或者是哪些部门的领导是直接称呼 Jeff 的；在前台负责接待的员工在送给我们微笑曲奇的时候，也是这样直接称呼 Jeff 的。同时，Jeff 对每一个员工也是直接称呼他们的首名字，而且对每一个帮助做事情的员工都是十分真诚地表达谢意。

在美国文化当中，如果是很好的朋友或者彼此之间是有着很亲密关系的人，就可以相互称呼彼此的首名字，也就是中国人所说的名，而不是称呼后名字，也就是我们所说的姓。与中国人的名字不同，美国人的名字通常分做三个部分，即首名字、中间名字和后名字，也就是 first name、middle name 和 last name。中间名字一般不太常用，有时也可以省去不写。首名字和后名字加在一起相当于我们中国人说的姓名，但与我们的姓名顺序正好是反着的，因此到了美国我们的姓名就变成了名姓，如作者本人，李文明就变成了文明李。而这种变化以及他们称呼人名的方式并不会影响我们对于彼此关系的判断，在中国如果一个人在喊"文明"的时候，那说明我们之间一定是一种比较熟悉的关系，如朋友、亲属、同事、同学、老乡等，他们才可以称呼我们的"名"，也就是美国人所说的"首名字"；在美国也是一样，如果美国的朋友喊作者的名字"文明"的时候，也代表着他与我很熟悉，也或者与我就是朋友关系。如果一个美国人说："我可以称呼你的首名字吗？"那就表示他是在想与你交朋友。我们在这里之所以如此详细地解释这个首名字与后名字的问题，主要是想解读美食公园餐饮公司这种员工与老板之间轻松的关系。"We also want people who like to be on a first name basis with our CEO and just about everyone else from the top down." 这句话的主要意思就是说，所有的企业员工都可以和老板以及企业高层建立这种能够直接称呼"首名字"的关系。有了这样一种关系，也可以说企业希望能够建立这样一种关系，那就说明在企业的员工理念当中真正地把员工当做了平等的伙伴，视为家人兄弟。

试想一下，在中国的企业当中，没有几个企业的员工敢于对老板直呼其名，尤其是他上了一点年纪时；又有几个企业的老板希望自己的员工对自己直呼其名，即使他也希望自己变得平易近人。在我们的文化理念当中，等级与层级的思想还是相当有市场的，能否打破这种根深蒂固的等级文化对一个中国企业能否建立平等的员工发展理念是一个绝对的挑战。

美食公园餐饮公司力争做到这一点，也希望中国的企业家能够有勇气去学习这一点。

"美食公园酒店集团是一个可以提供平等发展机会的雇主。在所有涉及员工的事务当中，包括雇用、提升、转岗、补偿、福利、纪律、辞退等等方面所做出的决定，绝对不会受到种族、肤色、信仰、性别、年龄、是否残疾、国别、家族、婚姻状况、退伍军人地位、性取向的影响。每一个工作的机会都是也应该是面向有能力和胜任的人开放的，能否获得这样的机会取决于他们的经验、态度和他们的能力。更高的职位属于也应该属于那些成绩突出，绩效表现良好，能力出众，态度端正，潜力较大的人员。"

这是一个美食公园餐饮公司机会均等的正式的声明，其主要的意思就是，"所有我们的员工都可以获得成功和发展的机会，关于这一点不用考虑你的起点是什么"。

在美食公园餐饮公司有一位专门负责运营的高级副总裁，其就是一个很好的例子，她的名字叫做 Mercy Senchur，她的职业生涯是从餐厅的服务员开始的，经过其 25 年的不断打拼，最终荣登副总裁的宝座，作为负责运营的高级副总裁专门管理美食公园酒店集团的各种品牌。

2.5 公司的发展特色

谈到美食公园餐饮公司的发展特色，事实上本章前面所分析的三节内容里都有所体现，下面再做进一步的介绍和解读。

美食公园餐饮公司已经有 67 年的发展历史了，在这 67 年中能够确保公司成功的一个最为重要的原因就在于，企业员工们每天都能够做到热情且热烈地为顾客提供最好的服务。为什么员工能够做到这一点呢？那是因为公司首先做到了热情且热烈地为员工及所在的社区服务，即"我们认识到是员工实现了我们是谁的目标，所以我们用尽一切办法不遗余力地去支持他们和他们所在的社区"。为了服务于员工和所在社区的发展，美食公园餐饮公司采取的主要措施包括：①为员工量身定做培训项目；②建立细致入微的员工福利体系；③努力为可持续发展做出自己的贡献；④全面支持和参与社区活动；⑤努力回报社会。

2.5.1 为员工量身定做培训项目

为员工"量身定做"培训项目，即为第一个方面，也即是前面所提到的员工"平等理念"的具体体现。美食公园餐饮公司的领导认为，每一个人都是唯一的，每一个工作的要求都是不同的，任何一个企业都不可能找到一个项目能够同时培训所有的人员，所以就必须采用"量身定做"的培训项目，它的目的就是为了满足不同员工的发展需要以及不同工作对于员工的不同要求。

"量身定做"培训项目会考虑每一个员工的不同特点并基于此而安排不同的培训内容，即便只是针对一个"小时工"也会基于其教育背景和从业经历而设计相应的培训课程。美食公园餐饮公司提供 30 多种课程供员工们自己选择，包括安全服务、多样化的价值观、面谈的技巧、团队管理等。事实上美食公园餐饮公司所提供的培训内容远不止于上面这些，为此《培训杂志》给予了很高的评价，并在 2008 年把美食公园餐饮公司列入美国 125 家最具水准的培训公司名录。

2.5.2　建立细致入微的员工福利体系

为了更好地激励员工能够热情且热烈地为顾客服务，即为第二个方面，美食公园餐饮公司主张首先为自己的员工做好服务，要为自己的员工做大量的、能够打动他们并且非常有益于他们全面发展的事情。

"我们引以为骄傲的事情就是从各个方面去关心我们的团队成员，为此在 2010 年我们获得了美国商业伦理奖励委员会发给我们的奖状，以此来鼓励我们对于员工和所在社区做出的大量工作。"

根据员工在美食公园餐饮公司担任的不同任务，他们可以在企业获得的福利包括：①可以申请奖学金和报销学费；②可以带薪休假；③可以灵活地选择工作的时间；④可以提供健康/生活/牙科保险；⑤可以提供视力保险；⑥可以参加志愿者和社区活动计划；⑦可以在美食公园餐饮公司和宾夕法尼亚六厨房用餐并享受打折的服务；⑧可以免费获得广泛的培训机会；等等。

2.5.3　努力为可持续发展做出自己的贡献

美食公园餐饮公司做出了大量的工作，即为第三个方面，也即"如果谈到可持续发展，我们是家庭餐饮业的领导者，美食公园餐饮公司制定了大量的措施以降低能源的消耗，减少浪费，保护地方，并减少我们对于环境的影响"。

事实上，美食公园餐饮公司在 2002 年启动的农场资源项目就是这个方面的一个杰出代表，基于这个项目保证了当地的农副产品可以直接进入美食公园餐饮公司以及美食公园酒店集团的所有饭店从而为顾客提供最新鲜的食物。

"通过农场资源项目，我们可以为顾客提供新鲜水果、农产品、肉类和乳制品，它们都是在我们餐厅 150 英里（1 英里 ≈ 1.609 3 千米）半径范围内生产的。"

关于农场资源项目本书后文中还会专门进行介绍。

为了在可持续发展方面做出更多的贡献，在美食公园餐饮公司内，即便是很小的细节也被认真地重视，"100%回收无反式脂肪的炸油以后，将其转化为生物柴油。我们已经取消了垫在餐厅里的餐垫以保护树木，并减少垃圾填埋场的空间。在餐厅建设和重塑过程中，我们主要采用回收的原材料"。

美食公园餐饮公司在 2010 年又做出了一个重大举措，就是在匹兹堡市成立了第一家 LEED（leadership in energy and environmental design，即能源与环境设计领先者）建构的餐厅，这样的建构可以提高能源利用的效率和减少人类对于环境的影响。这家餐厅还在屋顶安装了一个 40 英尺（1 英尺 ≈ 0.304 8 米）的风力涡轮机自行发电，以体现公司对于环境保护的坚强决心。

2.5.4　全面支持和参与社区活动

全面参与社区活动已经成为美食公园餐饮公司企业文化的一个重要组成部分，即为第四个方面。

"我们不只是一个公司，我们还是一个友好的邻居。作为一个邻居，我们致力于为了所在社区的繁荣和强大而做任何事情。每一年我们都会捐出税前收入的百分之五给地方慈善事业。与社区伙伴一起合作，我们就能最大限度地利用我们的资源，或许我们最好的项目就是每年对小孩子们的帮助，在这三十年里每年为儿童医院提供 1 000 万美元的资助资金。"

以下是公司 CEO Jeff Broadhurst 写给社区运动会的一封信，从中也可以看出他从父亲母亲那里继承得来的"回报社会"的思想。

亲爱的邻居们：

让我们团结在一起吧。

团结可以界定我们每一个人，从我们一起玩耍的朋友到我们运动队所穿衣服的颜色，从我们所选择居住的邻居到抚养我们的家人。我们的每一个团结都是建立在共同利益之上的。因此，可以形成最强的统一力量。

在美食公园酒店集团，我们分享所服务社区的团结。它基于一个共同的愿望，即可以帮助社区蓬勃发展。虽然美食公园酒店集团在不断地发展，但是我们与社区的关系和我们服务社区的承诺是坚定不移的。

我们起家于匹兹堡市郊区南面的一家马路餐馆，近七十年的发展让我们的业务扩大到了三个州，并形成了美食公园酒店集团的发展风格，建构了包括"门廊酒店"、"你好小酒馆"、"宾夕法尼亚六厨房"、"美味原生态"及"帕克赫斯特晚餐"等餐厅和"微笑曲奇"在内的多元化经营体系。我们的食品部门可以为顾客提供从中西部到东海岸的服务，我们在线的"微笑曲奇"可以向全国人民传递笑脸。

感谢您让我们成为您社区的一部分，与您合作并分享您的骄傲。我们喜欢与您一起携手工作，通过社区活动、筹款、志愿服务和更多的活动一起庆祝我们团结的力量。

2.5.5 努力回报社会

近 60 年以来，美食公园餐饮公司的核心价值观推动了其企业发展，主要包括为顾客提供伟大的就餐经验、伟大的食物和合理的价格，并与其服务的社区成为最好的邻居，即为第五个方面。在这个方面可以举一个例子，即美食公园餐饮公司在每一个服务的社区每年都会搞一个叫做"同时微笑"的活动。正如前面所述，这个活动重点集中在三个领域，即支持家庭健康和家庭健身的分享微笑活动；为人们尤其是为孩子们提供健康的食品，帮助他们接受良好教育的成长微笑活动；提高退伍军人和他们家庭生活水平的英雄微笑活动。

2.6 农场资源

美食公园餐饮公司以及美食公园酒店集团旗下其他品牌饭店目前非常受顾客喜爱的一个地方就是其所制作的食物都是取自新鲜和健康的食材，而其能够做到这一点的主要原因就在于其已经开展了 17 年的农场资源项目，这是一个对于餐饮企业具有重大影响力并能够保证其可以建立自己独特核心竞争力的一个重要基础。

"农场资源项目是我们的一个地方采购计划，它可以让我们为顾客提供当地生长、地方制作的食物。我们把这些食材不仅用在我们的汤、沙拉和水果吧里，而且还用在手切面包与自制的小菜里。"

根据 Jeff 的介绍，发起于 2002 年的农场资源项目，其动因其实是为了解决运输的问题。美食公园餐饮公司所需的各种食材与公司各个网点的距离远近不一，最初只是想让农场为酒店送货，后来发现这样还可以确保各个餐厅都可以用到本地生产的而且非常新鲜的食材，于是美食公园餐饮公司就与 200 多家农场签订了合作协议，同时借助电视媒体的宣传，把它做成了一个具有公司代表性的项目，成为多方共赢的好事。

"农场资源项目的最大受益者首先是顾客，他们因为这个项目可以享受到新鲜和有益健康的食物，此外受益的还有众多的农民以及提供农业产品的社区。只是去年一年，我们花费在从地方农场采购食材的资金就有 2 400 万美元，这也极大地带动了地方农场的发展，实现了餐厅、顾客与农场、农民的共赢。"

一位名为 Don Brenckle 的农场主说道，"他们做的事情太好了，如果没有美食公园餐饮公司，就不可能再有世代相传下去的 Brenckle 农场"。另外一位名为 Dan

Yarnick 的农场主说道，"我们 Yarnick 农场非常感激美食公园餐饮公司，他们致力于帮助地方农场和他们的家庭，并且深谙购买新鲜食材和地方农产品的重要，他们是我们可以共事的杰出的公司"。

美食公园餐饮公司已经建立的合作农场有 200 多家，而且这一数目还在不断地扩大，这些合作农场除了为美食公园餐饮公司系列餐厅提供蔬菜、肉、海鲜、水果以外，还提供奶制品、咖啡和香肠。其中为美食公园餐饮公司提供奶制品的公司是著名的特纳乳制品（Turner Dairy）公司，为美食公园餐饮公司提供咖啡的是著名的烘焙咖啡树（Coffee Tree Roasters）公司，为美食公园餐饮公司提供香肠的是著名的帕尔马香肠（Parma Sausage）公司，这些公司的发展也都经历了六七十年的历史，它们的品质与美食公园餐饮公司的品质一样，早已经过了时间的考证并广泛赢得了顾客们的信赖和喜欢。

美食公园餐饮公司的农场资源项目，是中国国内规模较大的餐饮企业或者有志于做得很大的餐饮公司应该全力学习的地方。事实上，在国内也有一些餐饮企业在做这样的事情，如由某一家散养鸡的公司专门提供鸡肉制品，或者由某一些农民专门为之种植特殊品类的蔬菜等，只不过如此小的规模和小的范围还远远不够，其要做的是应该像美食公园餐饮公司一样成体系地向合作农场采购几乎是所有的食材，并且如前文所分析的那样，把这些新鲜和富有营养的食材按照客户多元化的需求将它们制作成多样化的食物，并在不同风格与不同特点的餐厅里为多元化的顾客提供多样化的服务，如此就可以多渠道地赚取利润，不断发展和壮大自己的公司。

其实除了农场资源以外，美食公园餐饮公司还在筹划另外一个更大的类似项目，因为该项目还在运行当中，在此不方便向外透露得太多。但是，其中主要的思想就是在总结农场资源成功经验的基础上，通过与 Google 公司的合作更大范围地寻找更有利于扩大美食公园餐饮公司旗下各个酒店影响力的食材。这些食材不仅仅限于地方农场的供应，而且还可以取自于各个地区，对这些食材不变的要求就是它们必须是最好的，而且要符合最高评价标准。从 Jeff 谈到该项目时的表情可以看出，他与他的公司对此充满了信心，而且这也是美食公园餐饮公司可以在食物供应上不断进行创新的一个保证。

第 3 章　JJ GUMBERG 公司的企业文化与商业模式

本书第 1 章研究了一家高科技企业——Othot 公司，第 2 章研究了一家餐厅——美食公园餐饮公司，本章主要研究的对象是 JJ GUMBERG 公司，它是一个起家于超市经营又转而重点投资零售地产的企业，与第 2 章的研究对象——美食公园餐饮公司一样，它也是一个家族企业，而且经历了三代，有着 90 年的发展历史。

JJ GUMBERG 公司的第一代领导人是 Joseph J. Gumberg，第二代领导人是 Stanley R. Gumberg，第三代领导人是现任企业家 Ira J. Gumberg，我们有幸和 Ira J. Gumberg 先生进行了面对面的交流，对这样一个打拼在传统行业又在向交叉行业奋斗的公司的企业文化和商业模式有了比较深刻的认识。

与 Gumberg 先生的见面约定在 2016 年 6 月 16 日的中午 11 点 45 分，之前曾想过，他定这样一个时间与我们见面会不会有请我们吃午饭的安排，然而听说美国人一般是不轻易请客的，所以那个念头只是转了一下而已。但是离着访谈还有一天的时候，John 告诉我 Gumberg 先生在会谈期间要请我们吃饭，这多少让作者有点意外，也有点期待。

因为前一天晚上刚下过雨，所以这一天的天气格外清爽，作者和 John 于 11 点 45 分准时到达匹兹堡大学大学俱乐部二楼餐厅，Gumberg 先生已经在那里等候。初次见面发现，Gumberg 先生给人的印象就是非常健壮（图 3-1），他的体重看上去是作者的两倍，但很和善的样子，在接下来的会谈过程当中，Gumberg 先生的举止得到了验证，他是一个很和善而且做事还非常认真的人，还专门为面谈准备了比较详细的文字资料。

针对本章，作者的安排如下：3.1 节介绍 JJ GUMBERG 公司的基本情况并重点介绍现任 CEO Ira J. Gumberg 先生的相关信息，这样做的目的前文已经说过，据此可以判断出 JJ GUMBERG 的发展理念与经营重点。3.1 节的研究资料多数取自 JJ GUMBERG 公司的网站，另有一部分资料是与 Ira J. Gumberg 先生

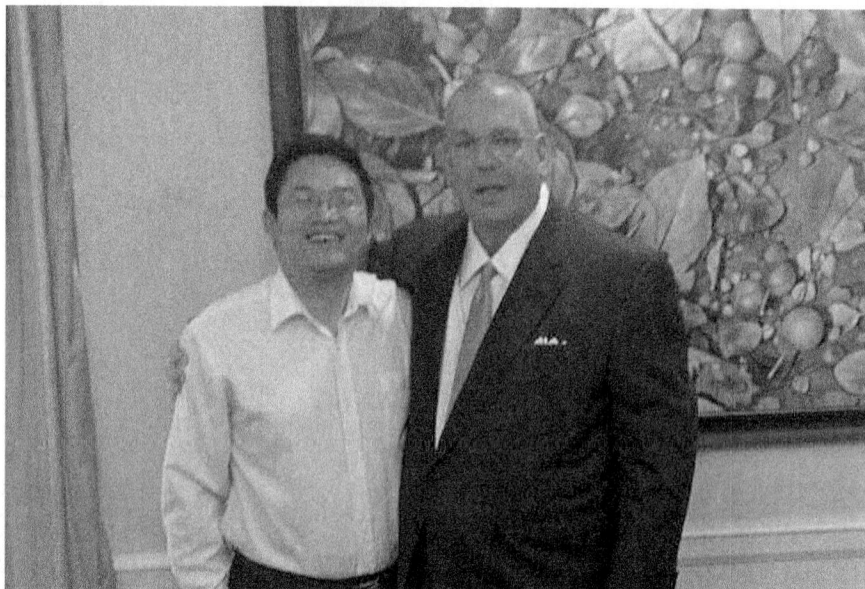

图 3-1　李文明和 Ira J. Gumberg 先生

访谈所得。事实上，在以下几个章节的分析过程当中，研究的资料来源都是这种模式，一部分取自 JJ GUMBERG 公司网站，另一部分源自与 CEO 谈话内容。总体上看，在本章里使用的资料还是以访谈所得为主。3.2 节介绍 JJ GUMBERG 公司的商业模式及其重点业务，并分析企业所取得的成就及其未来的构想。3.3 节分析 JJ GUMBERG 公司最看重的核心发展理念以及两个最为核心的价值观，其核心理念是"把伟大的战略愿景与最优秀的执行紧密地结合起来"，其最看重的两个核心价值观是"注重透明度"和"强调信任关系"，重点不在于介绍它们是什么，而是要深入分析或者描述具体的做法，因为其是一些很实用的方法。3.4 节介绍 Gumberg 先生认为的除了前面两个核心观以外的非常重要的其他方面的企业文化，根据美国企业的习惯，也可以把它们称做价值观体系，这些企业文化的内容经过整理以后竟然达十多个。3.5 节介绍 JJ GUMBERG 印度公司的成立历程及其发展取向，从中也可以看出 JJ GUMBERG 公司的未来发展重点。3.6 节介绍在 Gumberg 先生眼中中国企业的企业文化与美国企业的企业文化之差别及其形成这种差别背后的原因，他的这种认识只是一家之言，不做正确与否的判断，只是想介绍一下他的看法，因为他的看法也许可以代表一些美国企业家的观点。

3.1　JJ GUMBERG 公司的企业发展与现任 CEO 的情况介绍

　　JJ GUMBERG 公司是由家族企业的第一代领导人 Joseph J. Gumberg 先生创立的，而这也是公司名字的由来。在美国，像这样的企业非常多，他们都是以第一代企业家的名字命名的，如 JP 摩根、洛克菲勒，以及本书中访谈的另外几家公司，如 Campos 公司和 Howard Hanna 公司等，这既是一个传统，也是一个企业文化现象，如此类型的公司往往能够一直坚持创业者的管理思想和发展思路，而多数这样的创业者也都是极具经营天赋的人才，其往往留给继承者的不仅是一家公司，而且还有一大笔宝贵的精神财富。

　　JJ GUMBERG 公司最初成立的时候位于一个新开发的高层公寓，其是一家在名字叫做"Main Street"（主街）的里面经营的商业零售店，兼具商业和工业的性质。事实上，在本书所访谈的企业中，多数公司都是这样起步的，办公条件很简陋，资金不足，但就是凭借着创始人的毅力、努力和坚持，最后都由小变大，由大变强，从而发展成为了不起的企业。

　　关于这一点非常值得创客们和年轻的企业家们认真地学习

　　1977 年，JJ GUMBERG 公司事业发生的转变由现任的第三代企业家 Ira J. Gumberg 推动，具体是 JJ GUMBERG 公司推出了零售物业部门，重新调整了公司的投资和战略组合，集中精力建造、控股和管理大型零售物业。这是 JJ GUMBERG 公司一个重大的战略性转变，从此伴随着公司主要业务的发展，除了不断地拥有和运营自己的投资组合以外，它还与美国一些较大的商业物业业主一起创造、开发和管理大型零售项目，JJ GUMBERG 公司从此取得了长足的发展。

　　Ira J. Gumberg 先生是家族企业的第三代掌门人，1975 年自匹兹堡大学获得经济学学士学位，并在哈佛大学研究生商学院获得硕士学位，现任公司董事会主席兼首席执行官。此外，他还是 GUMBERG 全球的领导者，GUMBERG 全球是 JJ GUMBERG 公司的姐妹公司，它关注的是全球房地产开发市场。

　　在零售和商业领域打拼了多年的 Gumberg 先生，当下正带领一个完全集成的组织专注于投资级房地产的收购和开发。作为 JJ GUMBERG 公司的第三代领导人，他深通零售业的发展趋势，组建并打造了一个经验丰富的执行团队，他们以果断的行动最大限度地寻找新的发展机会，从而不断地帮助 JJ GUMBERG 公司增加私人持有公司的数量。

　　正如前文所提到过的，JJ GUMBERG 公司的转型发生在 1977 年，主要是由现在的 Gumberg 先生领导成立了零售物业部门。自那时起，JJ GUMBERG 公司的零售物业发展了 1 000 多个精选的零售商，每年带来超过 20 亿美元的总销售额。JJ GUMBERG 公司最近扩大了在国际上的投资，正在实施一个雄心勃勃的战略，在印度发展西方风格的区域购物中心并计划把它推广到整个南亚次大陆。

Gumberg 先生有着广泛的知识背景和领导经验，这已经被众多的企业和机构认可。1989~2007 年，Gumberg 先生在梅隆金融公司董事会任职，他作为执行委员会的成员并主持了薪酬和审计委员会。此外他还是卡内基梅隆大学的董事会和审计委员会的成员；受托于匹兹堡大学，他在那里参加了卫生科学和预算委员会；在匹兹堡大学卡茨研究生商学院担任访问者委员会的主席，（作者在美国做访问学者的地方）。2011 年，Gumberg 先生作为成功的企业家在匹兹堡大学卡茨商学院和工商管理学院毕业典礼上发表了演讲，这是一份专属于成功企业家和知名校友的殊荣。

3.2　JJ GUMBERG 公司的主要业务和商业模式

JJ GUMBERG 公司总部设立在美国宾夕法尼亚州匹兹堡市，作为一个家族企业，其已经发展到了第三代，它现在给自己设计的企业定位是"努力成为全球房地产投资开发公司中的佼佼者"。经过九十年的发展，JJ GUMBERG 公司在行业内初步建立起了领导者的地位，已经成为美国最大的私人持有的零售房地产开发商。JJ GUMBERG 公司的商业模式主要体现在两大主营业务上，下面分别进行介绍和解读。

3.2.1　JJ GUMBERG 公司的主要业务与商业模式

JJ GUMBERG 公司最大的业务是把企业发展的重点放在创建注重质量和规模的零售物业上面，并以创新的方式谋求在行业发展过程当中的独特定位。为此，JJ GUMBERG 公司非常看重对人口结构变化的分析，也特别重视对新兴生活方式以及与过去不一样购买行为的研究，十分认真地去了解人们对于商业态度的变化。JJ GUMBERG 公司这样的战略思想结合健全的执行体系，帮助企业获得了巨大的和持久的成功。自 1977 年以来，JJ GUMBERG 公司管理着超过 2 200 万平方英尺的零售物业，在多个州收购、开发或再开发了近 1 400 万平方英尺，包括北达科他州、得克萨斯州、佛罗里达州、路易斯安那州、俄亥俄州、马里兰州、宾夕法尼亚州、密歇根州，其中超过 700 万平方英尺为自己的投资组合。到 2009 年 12 月

31 日，JJ GUMBERG 公司自身的投资组合就已经达到了大约 1 500 万平方英尺的总可出租面积，超过 1 000 家精选零售商，每年的销售总额达到 20 亿美元以上。

JJ GUMBERG 公司还与世界上许多最大的百货公司建立了合作关系，如沃尔玛（Walmart）、JC Penney's 公司、西尔斯公司（Sears）、目标公司（Target）、科尔公司（Kohl's），以及其他零售类别的领导者，如家得宝（Home Depot）、百思买（Best Buy）、巴尼斯 & 诺布尔（Barnes & Noble）、乔安店（Jo-Ann Stores）和主食（Staples）等。

在这里需要做一点补充说明，即美国人对超市的态度和中国人是不一样的，超市在美国人的生活当中所扮演的角色与在中国人的生活当中扮演的角色也不一样，而正是这种不一样造就了美国超市行业的发展和现代零售地产业的发达，也是超市连锁经营企业——沃尔玛曾经长期多年占据世界排名第一位置的主要原因之一，在 2015 的世界五百强排名当中，沃尔玛依然还是独占鳌首。

事实上，中国人日常所需要的很多东西是不会到超市去买的，如蔬菜、水果、各种肉食与海鲜，有时去超市买这些东西就是"不会过日子"的代名词。即便是一般性的日常生活用品，很多人也可能会选择去农贸市场或者是路边小摊去买，所以说，如果不去超市购物我们中国人照样能够很好地生活。而在美国就不同了，美国没有路边小摊，甚至也没有中国国内集中式的农贸市场和集市，人们日常生活当中所需要的一切都要到各个大小超市去购买，所以说，如果美国人没有了超市是不知道应该如何生活的。

在中国，去超市买东西通常会比去农贸市场贵很多，但是为了吸引顾客，有的超市也会每天或是定期推出一些折扣商品，而这样的商品往往吸引的都是不工作的老人或是家庭主妇，他们乘着各大超市的免费巴士奔波往返，通过比对然后选择价格最低的那一种，因此可以看到各个超市每天都会有很多顾客或买或逛。此外，中国人非常重视家庭生活，也特别看重对老人的孝养，所以很多的年轻人或者上了一定年纪还有老人在的工作一族们通常会和老人生活在一起，而中国的老人只要还能正常地行动就一定会料理家务，所以年轻人和虽然已经不太年轻但与老人生活在一起的上班的人一般是不会去超市购物的，甚至也不会去农贸市场，这些事情老人们就包办了。

而这在美国就不同了，美国人无论是年轻的，还是上了一定年纪还在工作的，即便他们都有老人在，但却很少有人会选择与老人住在一起，也正是这个原因成就了美国一个繁荣的行业，即"baby-sit"，翻译成中文就是"临时保姆"，专门为有事外出或参加餐会的人照顾小孩子。而在中国，这些事情自然会由老人帮忙，即便老人不在身边还有其他亲属、朋友、同事、邻居等，从没听说过中国人会因为这种事情而花钱请人，或许也有但是作者没有见过也没有直接听说过。美国人因为没有老人们的帮衬，而平常工作的时候又没有时间，所以到了周末就会集中去超市购物，而且一买往往就是可以维持一周的生活用品，装满整个后备车厢，其中包括蔬菜和水果等。此外，因为多数美国人住的都是一栋栋独立的房子（house）也就是中国人所说的别墅，而很少有人住在中国国内大多数人住的那种楼房里，也就是美国人通常所说的公寓（apartment），所以他们的住宅看上去非常分散，并且商业区、办公区与居住区分得很清楚，彼此相距也很远，再加上美国90%以上的家庭都有车，所以这就更加造就了他们对超市购物的依赖，也从而也推动了美国超市行业的发达。而像 JJ GUMBERG 公司这样的企业，超市行业越发达则其生意就会越兴旺，其是这个行业的前端控制者。

借助美国超市行业的发展，通过良好的租户平衡组合，JJ GUMBERG 公司的物业不断地维持稳定的销售增长并且保持近百分之百的利用率水平，公司的投资组合在市场份额上占有绝对的优势。

基于 Gumberg 先生是一个非常直率的人，所以访谈过程中，作者非常直接地问了他一个看似比较敏感的问题，而且针对这个问题的提问方式也使用了最直白的语言，那就是"How to earn money"，即"你们公司是如何赚钱的"。Gumberg 先生对此毫不隐瞒地直接给出了答案，甚至还用惊人的记忆力借助纸笔将一些精确的数字以及这些数字的算法，足足写满了一页 A4 纸。这其中的细节不再过多涉及，只是想讨论公司的营利模式，这个模式包括如下五个部分。

第一部分也是第一步，即购买土地，不是小块购买而是大块购买，这样做的原因是他们的身份不只是用来开发商场，他们同时还是商场地产开发者，后者的业务才是他们最看重的业务。

第二部分也是第二步，即建立商场，是大型的商场而不是小型的商场，是面向未来格局设计的那种非常开放式的商场。用他的话说就是，"open building"加"big mall"。

第三部分是租金收入，JJ GUMBERG 公司会把所有建成的商场中 60%~70% 的商位出租给零售商，这些零售商必须要经过严格的挑选，而且对其所经营的品牌知名度也有要求。

第四部分是自营收入以及针对整个商场的经营收入。自营收入较好理解，Gumberg 先生讲解的重点是整个商场的经营收入，而且还写了一大堆的数字，不过按作者的理解好像就是收取物业管理费用以及为客户提供延伸服务所收取的费用，他在这里用了很多术语，这让作者在英文与中文间转换着实费了不少工夫。

第五部分是现金流收入。据 Gumberg 先生说，按照美国的法律现金流是不用纳税的，但是可以生息，在印度的法律也是这么规定的，具体内容我们并不明白，但是 Gumberg 先生说这也是 JJ GUMBERG 公司收入的一个重大来源，因为与 JJ GUMBERG 公司类似的行业和规模的企业每天都会有大量的现金流动。现金一流动，利润就产生。

3.2.2　JJ GUMBERG 公司的第二大业务及其商业模式

JJ GUMBERG 公司的第二大业务体现在向外扩张上,当然这种扩张并没有进行所谓的多元化,而是随着 JJ GUMBERG 公司在美国的成功,其把发展的触角开始向南亚次大陆延伸,并在印度成立了 JJ GUMBERG 印度公司,在印度开发了大型的 JJ GUMBERG 超市,这是建立在印度本土上的现代西方风格的购物中心。

JJ GUMBERG 印度公司的企业发展愿景是这样设计的, "我们的企业发展愿景是创建全印度最受欢迎的零售业公司,经过 8~10 年的发展,我们将在整个印度开发 30 个地方区域和全国范围的超级购物中心,并在每一个市场中都成为首屈一指的零售物业经营者。基于我们对顾客需求和渴望慷慨的重视,我们将成为印度顶级零售商的首选合作伙伴,并将这种发展的势头拓展到国外"。

与其他广泛涉猎多个房地产市场的公司不同, JJ GUMBERG 印度公司的核心战略是在整个印度开发、拥有和经营最高质量标准的区域零售商场,即"我们的专业管理团队和高级管理人员在美国和印度的购物中心拥有设计、开发、建造、租赁和运营方面的丰富经验,这是企业现在成功和未来成功发展的基础"。

JJ GUMBERG 印度公司的长远战略和业主运营模式是建立在如下基础上的,即它由公司对可持续发展的重视以及与零售业主建立长期的伙伴关系作为保障, "我们的重点是利用我们在发展过程当中积累的强调顾客的经验和我们持续的再投资能力以确保他们不断地获得成功"。"用我们的承诺和卓越的商业模式作为指导, JJ GUMBERG 印度公司将在未来几十年里彻底改变印度的商业零售模式。"

3.3　JJ GUMBERG 公司的企业发展理念和核心价值观

3.3.1　JJ GUMBERG 公司的企业发展理念与具体解读

JJ GUMBERG 公司最核心的企业发展理念就是, "把伟大的战略愿景与最优秀的执行紧密地结合起来,以此来推动企业由一个成功而不断地迈向另外一个成功"。

这样的企业发展理念无疑是正确的,甚至可以说是理想的,但是如果没有细致的研究与管理工作跟进的话,企业发展理念就很有可能变成一句空话,成为一句大话。换一个说法就是,每个企业都可以说这样的话,每个人都可以理解，但是真正要做起来却是非常的困难。通过前文中介绍 JJ GUMBERG 公司的发展历程和已经取得的成就，以及后文中要介绍的 JJ GUMBERG 印度公司的发展现状及其未来规划可知，JJ GUMBERG 公司在现任 CEO 的带领下事实上已经做到了这一点。

在与 Gumberg 先生面谈的过程中，Gumberg 先生的身上也突出地体现了注重执行和注重细节的特质。刚一见面，Gumberg 先生就非常清楚地喊出了作者的名字，而且发音非常准确，是"文明"，而不是"围明"。事实上，很多美国人念不好中国的拼音，每当作者告诉美国人自己的名字时，人们就经常发成了"围明"，所以多数时候作者就告诉当地美国人可以称呼我"李"，这个姓的音比名字的音容易让他们叫得准。可是，Gumberg 先生一张口就是准确的"文明"，而不是"围明"，并且在谈话的过程当中他一直在这么叫，让人感觉很亲切。

此外，在刚一见面的时候，Gumberg 先生竟然跟作者说，"见到你很高兴"，这是非常地道的中国式问候，据他讲这是当天上午他专门跟中国的朋友学习的，而且还练习了很多遍。说起来，Gumberg 先生也是一个掌管每年 20 亿美元营业收入的大公司且年龄在六十岁左右的大老板，如此注重做事情的细节怎能不让人钦佩。从他的身上让人仿佛看到了 JJ GUMBERG 公司文化的影子，也看到了其团队注重把战略与执行有机地进行结合的理念。

关于"把伟大的战略愿景与最优秀的执行紧密地结合起来"的理念，在另外一本书——《企业一体化管理系统》当中对此曾经做过比较深入的研究，因此可以认为其包括如下几点。

"企业定位"找准了企业的发展方向，明确了企业"要做什么"，这是企业经营的第一步，其意旨在"开天辟地"或"开疆拓土"。"战略管理框架"设计企业发展的战略路径和运行体系，帮助企业明确"应该如何做"，这是经营企业的第二步，其意旨在"落地生根"和"茁壮成长"。正所谓不谋全局者，不足以谋一域；不谋万世者，不足以谋一时。"企业定位"与"战略管理框架"的作用就是要共同谋划企业发展的方向与布局。"谋定而后动是有思想的企业不同于一般企业的最大差别"。如果一个企业没有战略规划与战略愿景作为指导，那么这个企业就会像没头的苍蝇一样到处乱飞乱撞，成功了则是一种侥幸，失败了则是一种必然。

没有战略愿景和战略规划而只讲执行，企业会成为没头的苍蝇；而如果只有战略规划和战略愿景却没有优秀的执行作为保证，那么企业的发展就会变成一个空中楼阁，好看不好用。而所谓最优秀的执行是什么呢？对于这一问题，如果把它与企业战略管理的工作结合起来的话，可以把它理解为是最好的战略实施或战略展开。在正常情况下，一个战略管理比较成熟的企业到了战略展开这个环节，一切都在有序地运转，各项工作都是在顺其自然地运行。也就是说，在战略谋划与战略愿景引导下，在战略准备创造的条件基础上，各个部门分工协作，各个岗位分别发挥作用，各项工作有序展开，各个目标依次实现，各种任务分别完成，各种不足被不断地识别和及时地修正。大象无形、润物无声就是最好的战略展开状态。而有了这样的一种状态，自然就会形成优秀的执行力，有了这样优秀的执行力，企业所认真制定的战略发展愿景就一定能够实现。

在此可以拿这句话与中国的企业家共勉，希望他们的企业都能够如同 JJ GUMBERG 公司一样，"把伟大的战略愿景与最优秀的执行紧密地结合起来，以此来推动企业由一个成功而不断地迈向另外一个成功"。

在与 Gumberg 先生的谈话过程当中，他还把战略与执行比喻成"头"和"腹"的关系，其实按作者的理解就是"头"和"四肢"的关系。他说道，"头"应该是"好头"，有了"好头"，"腹"在做事情的时候就不用再思考，一切都将变成"naturally"，也就是自然而然的事情。一个优秀的 CEO 必须善于判断，必须善于学习（learn more），要有新鲜的能量（refresh energy），而不能向员工释放错误的能量（wrong energy）。一旦公司有了明确的战略和愿景就要坚持一个 direct way，也就是要走直线，而不能东张西望，更不要左顾右盼，否则员工们的执行就会无所适从，就会荒腔走板。JJ GUMBERG 公司九十年的发展、九十年的成功都是以这个理念作为基础而实现的。在谈到这些内容时，Gumberg 先生又表露出了他感性的一面，他让我站起来，向前走三步，然后转身，向后走三步，然后再坐下。他问我在这个过程当中需要思考吗，我说当然不用，他说这就对了，一个优秀的 CEO 就应该让他的员工们可以清楚地知道自己要做什么，应该如何做，而且还可以自然而然地去做，否则这个 CEO 就是一个失败的领导者。

3.3.2　JJ GUMBERG 公司的核心价值观与延展性思考

JJ GUMBERG 公司的核心价值观有两个，一是"注重透明"，二是强调相互之间的"信任"，这也是企业经营的根本指导思想。

1. 注重透明

对透明度的重视是公司对于自身发展提出的明确要求。

从严格意义上说，JJ GUMBERG 公司是一个私人持有的企业，它无须像公共企业那样坚持很高标准的透明度和公开性。但是为了促进企业的全面和规范发展，JJ GUMBERG 公司坚守了与公共公司相同的要求，严格地按照上市公司公开交易的标准进行经营和管理，并且为此建立了严格的财务制度和会计程序，制定了众多的风险管理政策，建构了严谨的报告结构以及透明的 CEO 管理体系。

为了便于理解，下面把美国企业基于属性进行的分类方法介绍一下，并且把它们与中国企业的分类方法进行一下比较。

美国的企业从一般意义上说可以分成两个大类，一类是公共企业（public company），另外一类是私有企业（private company）。其中公共企业不是公有企业也不是国有企业，它的产权不归国家所有而是归公众所有，具体来说就是归那些投资给企业的公众所有。所以，在美国，只要是上市公司，其任何一个企业的股票可以为多数人所持有，产权可以被不同的人交易，那么这个企业就是公共企业；相反的，没有上市的那些公司，不参与市场交易股权和产权的企业都是私有企业。而国内的公有企业一般是指产权属于国家所有的那些企业，国家代表全民掌握所有权，然后把企业经营收入的一部分用在国计民生上。除此之外中国的企业类型划分要比美国的企业类型划分更加细致，中国的公司在形式上包括上市的中央国有企业、不上市的中央国有企业，上市的地方国有企业、不上市的地方国有企业，上市的民营企业（也叫私有企业）、不上市的民营企业，集体企业等。

JJ GUMBERG 公司就是一个典型的美国私有企业，但它却能够坚持用公共企业的标准要求自己，使企业的经营和管理透明化，这就可以看出公司自身的大气。基于这样一种管理思路，通过为客户提供优质的服务和支持，JJ GUMBERG 公司有效地吸引和留住了大量的高素质零售商，这是企业可以大发展的基础。JJ GUMBERG 公司上下正在 Gumberg 先生的领导下，通过共同的努力不断加强、保护和促进公司旗下各个品牌的良好声誉。

当作者针对这一价值观与 Gumberg 先生进行交流的时候，他说一个企业如果只有三两个人时可以对内透明对外不透明，有三五十个人时也可以对内透明对外不透明，或者对内对外都不透明，但是一个企业如果有了三五百个员工，或者是三五千个员工，甚至是三五万个员工时，想不透明都不行。既然这样，那为何不痛痛快快地对内对外都透明呢？"大公司是没有秘密的。"关于这一点，作者在写作另外一本书也就是本书的姐妹篇《美国杰出公司企业文化研究》时有着非常直接的感受，在《美国杰出公司企业文化研究》一书所选择的十个美国杰出公司当中，几乎所有公司的企业资料都是公开的，在该十个美国杰出公司的网站上几乎可以找到一切可以用于研究的内容，包括企业文化体系，企业发展战略，企业高管所有成员的个人简历，公司的行为准则，企业所有的管理政策，公司的年度报告，财务状况，各种管理委员会的构成、电话、邮箱等。所以可以真正相信，在美国大公司是不应该有秘密的而且也很难有秘密的，像安然公司那样有太多秘密的企业最终会因为这些秘密操作而破产。

Gumberg 先生说，作为 CEO 个人更难得有什么秘密，"我办公室的门永远是开着的，谁想知道什么可以来找我说，谁想告诉我什么我一定认真听，我就是父亲，我就是哥哥，没有什么事情不可以公开地谈，没有什么事情需要悄悄地做，公开与透明在我的公司必须得到很好的和很真实的体现"。

2. 强调信任

JJ GUMBERG 公司所注重的第二个核心价值观就是建立相互之间的信任,它是公司对于外部关系处理的要求,随着每天成千上万的人到访 JJ GUMBERG 公司各个网点,公司对品质的重视已经引起了人们广泛的注意,公司保证客人可以获得舒适和愉快体验的努力已经赢得了顾客们的信任。此外,JJ GUMBERG 公司正以这种方式与所服务的每一个社区建立全面的信任关系。

信任这个话题,是一个老生常谈但是在现代社会又不得不谈的话题,很多时候很多事情我们没有做好,而对于没有做好的事情无论它有多么古老我们都不得不去强调。

众所周知信任的重要性,但是如何做才能既信任人又能为别人所信任呢,这是我们关心的重点,大多时候我们对很多事情都是知其然,甚至也知其所以然,但就是不知道应该如何然才有效果或是能有更好的效果。Gumberg 先生对此的理解是,信任首先不分内外,也就是说在企业内要建立信任关系,在企业外也要建立信任关系,在企业内部要让人信任,在企业外部也同样需要让人信任,这两个方面的信任有时会相互影响,只看重其中的任何一个而忽略另外一个都不可能为企业建立起真正的信任关系。这是 Gumberg 先生的第一个理解。

Gumberg 先生的第二个理解是,信任的产生源自于两个方面的力量,第一个方面的力量是企业领导者的力量,第二个方面的力量是企业文化的力量。JJ GUMBERG 公司的企业文化有着系统的建构,有了它们作为保证就可以为公司信任关系的培育打好基础,这些企业文化的内容将会在 3.4 节进行详细介绍。但是真正起关键作用的还是 JJ GUMBERG 公司的领导,他们为此要做出大量的工作以培养企业领导与各级管理者以及企业员工的"零距离关系"。在这里,Gumberg 先生用了一个叫做"zero relationship"的词,如果把它翻译成"零度关系"似乎容易引起歧义,会让人想到冰冷,所以将其翻译成"零距离关系"比较合适。为了实现企业内部的"零距离关系",以及对于企业员工体现前面所说的"公开性",Gumberg 先生的具体做法就是与企业的所有员工展开经常性的谈话。这个对话不是一时兴起就有,一时没了兴致就取消的,它是一个常设的工作机制,根据这个机制对他的要求,或者也可以说是他给自己提出的要求是,一周 3 次定时召开见面会,一次会谈 6 个人,这 6 个人先是分别会谈,而且是非正式地会谈,不是在办公室而在公司的会所(club)里,以会谈聊天的形式进行,不拘泥于任何内容;然后与该 6 名员工共进午餐,边吃边聊,由他请客。在这些会谈过程当中,Gumberg 先生的谈话重点是告诉员工们企业所有的事情,"Tell everything. Nothing hidden." 他想要听到的员工谈话的重点是员工需要什么,即 "learn their needs"。Gumberg

先生告诉我们，不仅他要这样做，他的管理委员会的成员都要这么做，"信任关系就是建立在经常性的交流与沟通的基础上，有了这个基础不仅仅可以进行很好的交流，而且在这个过程当中还可以交友，如果大家都是朋友，都是兄弟姐妹，还有什么事情做不好"。

回过头来可以再分析一下 Gumberg 先生对信任关系的第一个理解，即对他的这一理解的解析，即除了在企业内部建立信任关系以外，在企业外部也要建立相互之间的信任关系，这是一个企业可以大发展的重要前提。在外部建立的信任关系包括企业与供应商的关系、企业与消费者的关系、企业与上下游企业的关系、企业与所在社区的关系等。除了在信任的对象上可以分为对内与对外两个方面以外，具体的建立相互之间信任关系的手段或水平也可以分成两个层次。其中，第一个层次的信任关系是彼此不欺骗，也就是说，如果你不欺骗别人你就可以获得别人最起码的信任，别人如果不欺骗你你就可以基本上信任他。这一层次的信任是信任关系的基础，但却不是高层次的信任水平。什么样的信任是高层次的信任，如何努力才能得到别人高层次的信任呢？那就是你要诚心实意地帮助别人，即第二个层次，如果别人得到了你的大力支持和真心地帮助，他自然会非常地相信你，同时，也正是因为这种层次的信任他就可以用心地回报你，以同样诚心实意的态度来对待你，彼此之间的合作就会建立起牢不可破的坚实基础，双方因此就都具备了成功的可能。所以可以看到第 2 章所讨论的美食公园餐饮公司的几个核心价值观其出发点都是，在想方设法地去帮助别人，如帮助顾客、帮助社区、帮助农户，最后的结果就是帮助到了自己。因此可以说"先利人而后利己者是真聪明，只想利己而不想利人者是不聪明"。个人是这样，企业也是如此。

关于"利人与利己"和"利他与利我"的思想，在另外一本书，即《六韬三略论管理》当中也有过专门的论述，只不过在本书的论述中强调的是企业与企业、企业与顾客之间的关系，而在《六韬三略论管理》一书当中强调的是领导与属下、一个人与另外一个人的关系。其内容略析如下。

君子者若要乐得其志，企业家若要企业成大志，当有小人们首先乐得其事才能帮助他们实现乐志追求。也就是说，君子之乐志与小人之乐事相互之间是一种紧密的依存关系，这种依存关系的基础就是相互之间的信任。为此，君子们一定要做出可以让小人们乐得其事的安排和设计，要有具体的方法可以让小人们能够真正乐于其所做之事中，这样才能为君子们的乐志追求打下坚实的基础。

如何才能具备这个基础，以让小人们乐得其事呢？

为此，太公说，对于小人，要让他们"禄等以权，死等以权，官等以权"，这是可以让小人们乐得其事的方法；然后通过与"渔"事的比较，太公解释了这种方法的效果，即"夫鱼食其饵，乃牵于缗；人食其禄，乃服于君"。

合此两句话的思想可知，太公强调的是一种基于人性求利思想而应该进行的管理设计，具体说就是，君子若要成功，则必须予小人以利，且要图思予之以大利。可得小利者，人出小力；可得大利者，人出大力；无利可图时，则人不奋力。人不奋力，则组织无利，组织无利，则君子或可有一时之利，但终究难获长远之利。如此，君子就很难持续地实现乐得其志之目标。

把以上所论通俗地解释一下就是，君子利人，然后可以利己；小人利己，然后可以利人。

基于此，英明的领导一般都会充分考虑属下的需求，然后再投其所好，从而可受之所报。世界上知名的企业大多数都做到了这一点，它们在企业发展过程中重视员工的诉求（learn their needs）；在企业文化理念当中把员工当做自己的合作伙伴，当做家人朋友；在现实生活当中，时时想着为员工谋利，不断关心他们的成长。这样，它们就赢得了员工们的信任和喜欢。因为信任和喜欢，员工们乐于尽全力为组织打拼，组织因而成功，并且因而大成功，也会因而一直发展得很成功。

于是乎，君子乐得其志也，又乐得其志也，一直乐得其志也。

根据以上分析可以得到的认识是，坚持公开性与信任性的原则，对人才好，对员工好，对属下好，则组织可以一直发展得很好，这是成功的领导者和管理者应该坚持的重要前提，也是本书研究众多美国成功企业得出的一个重要结论。

3.4　JJ GUMBERG 公司的企业文化

在与 Gumberg 先生的交流过程当中可以知道，他为了这次谈话做了比较认真的准备，尤其是为了谈话的主题也就是"企业文化"做了比较系统的思考，这一点既让人非常感激，也让我们更进一步地认识了他做事认真的风格。根据他的描述，JJ GUMBERG 公司特别重视的企业文化多数都是围绕企业员工进行设计的，除了前面讲到的"公开性"与"信任"两个核心价值观以外，根据他的介绍我们整理了一下 JJ GUMBERG 公司其他方面的企业文化内容，或者也可以把它们看做我们所设计的"4S"企业文化框架体系当中的"亚文化"或者是基础性理念体系竟然有十多个，可见 JJ GUMBERG 公司的企业文化内容还是相当丰富的，下面就此分别做出介绍。

JJ GUMBERG 公司看重的第一个方面的企业文化就是与员工们一起建立一个"企业家庭文化"，也就是"corporate family culture"。为此，公司首先要关心自己的员工，员工要关心自己的同事，企业要关心员工们的家庭，为他们创造可以平衡工作与家庭的条件，并且重视他们在企业当中的感受，给他们提供灵活的报酬方式和灵活的工作机制，帮助他们追求个人的成功，为他们提供追求个人发展和与企业共同成长的机会和平台。为了体现"企业家庭"文化的核心思想，Gumberg 先生列举了两个例子，第一例子就是 JJ GUMBERG 公司每年会把利润的百分之三十额外发放给员工，"既然是家人那就一定要分享"；第二例子就是尊重所有员工的真正价值，有的员工进入 JJ GUMBERG 公司以后提出 5 300 美元的薪资要求，可是经过 JJ GUMBERG 公司评估发现，他能够为企业创造的价值远远大于他自己想象的价值，所以"要 5 300 美元不行，得给 6 300 美元"。

JJ GUMBERG 公司看重的第二个方面的企业文化是"关系"，也就是relationship，这个关系既包括内部关系也包括外部关系，无论是内部关系还是外部关系都要坚持前面所说的"相互信任"的原则，除此之外还要让各个关系方都能够从与公司的合作过程当中获得益处，可以分享公司发展的红利。此外，在 JJ GUMBERG 公司看来，处理关系还有另外一层理解，那就是要处理好集体主义和个人主义的关系，即"我们的公司倾向于更加重视集体主义，更加强调彼此之间的互相帮助"。

JJ GUMBERG 公司看重的第三个方面的企业文化是"时间"和"忠诚"，用Gumberg 先生的话讲就是 long times 和 loyal。在 GUMBERG 公司的高层管理团队（top team）当中，员工们的平均工作年限是 30 年，有的更是长达 37 年，在中国国内只有那些发展得比较好且福利也多的国有企业可以做得到。而 JJ GUMBERG 公司是如何做到的呢？这其中主要的原因还在于前文所提到的第一个企业文化。Gumberg 先生说，他喜欢员工们把他当做父亲，当做大哥哥，为此他要先像父亲和大哥哥那样去为员工们着想。这个思想有一点像中国传统文化当中所看重的带队伍的方式，当作者这样讲给 Gumberg 先生时，他说道，作为一个全球化企业的领导者就应该学习全球各地的优秀文化，尤其是中国的传统文化。此外，根据我们的理解，JJ GUMBERG 公司所看重的"时间"和"忠诚"之间应该有一个辩证的逻辑关系，也就是说"时间"可以培育"忠诚"，"忠诚"可以用时间去"验证"。一个人与另外一个人相处的时间长了会有感情，一个人与一个物件的相处时间长了会有感情，一个人在一个企业待的时间长了同样也会有感情，甚至会有很深的感情。有了感情自然就会有忠诚，喜欢它就希望它好，它好了自己也会更好；而没有感情也就谈不上忠诚，它好了它就好，它不好也与我无关。所以我们经常会说一句话，那就是"时间可以证明一切"，此言不虚。回过头来再来看忠诚是什么，忠诚首先应该是不离不弃，这又需要时间去证明，一个人在一个企业干不了几天就跑了，你说他能有什么忠诚可言呢？

JJ GUMBERG 公司看重的第四个方面的企业文化是"雷厉风行"，用 Gumberg 先生的话讲就是 "Tend to be tough on issue once. Not twice!"，也就是"看准了就去做"，"Thinking once and acting at once. Not twice!"，也就是"立即思考，马上

行动，不要第二次"。"We should not dance on the table"，也就是"我们不要把时间浪费在无休止的会议和反复讨论上"。

JJ GUMBERG 公司看重的第五个方面的企业文化是"追求做最好的"，或者叫做永远只做第一，"We want to be first and we must be first"。在美国，JJ GUMBERG 公司已经做到了，其已经成为美国最大的私人持有的零售房地产开发商。在印度，JJ GUMBERG 公司也一样能够做到，因为其对这个市场充满了信心也做足了准备。为了实现努力追求最好的目标，JJ GUMBERG 公司还坚持这样一个思想，那就是"Very relationship driven with an eye on being transactional"，也就是"坚持行动主义的态度，力争从小事做起，努力把每一件小事都做好"，然后基于此实现公司追求"最好"的目标。

JJ GUMBERG 公司看重的第六个方面的企业文化是"强烈的责任感和快速地反应"，为了体现这一点，Gumberg 先生说道，他在公司当中建立了一个"leadership/leardership model"，也就是"领导领导者模型"。基于这个模型，JJ GUMBERG 公司当中绩效表现处在后面百分之十的人不能做决策，而剩下的百分之九十由其中的优秀者和关键业绩贡献者做决策。这样既可以激励员工，又可以加强他们的责任感，"有时候希望员工多承担责任，就要多给予他们一些重要的权力"。

JJ GUMBERG 公司看重的第七个方面的企业文化是"平等"，这种平等主要体现在工作机会和晋升通道上，即不看肤色、男女、出身、国籍、高矮、胖瘦，只看工作的年限、贡献度和忠诚度，其他的不作为个人发展判断依据。此外，这种平等还表现在人与人之间的交流与沟通以及相互之间共处的关系上，为此公司提倡建立的"零距离关系"（zero relationship）就代表着真正的平等，"That is real equal"，即"那是真正的平等"。

JJ GUMBERG 公司看重的第八个方面的企业文化是"创新"，用他的话讲就是"重视创新"、"非常重视创新"和"一直非常重视创新"。事实上关于这个话题是基于一个问题，即"How do you keep the balance between the tradition and innovation in corporate culture?"而之所以有这么一问，是因为 JJ GUMBERG 公司是一个典型的家族企业，已经发展了三代，经历了九十个年头。所以对于"在你们公司的企业文化当中是如何保持传统与创新之间的平衡关系的"这样一个问题，Gumberg 先生的回答让我们略感意外，他虽然没有直接否定过去、否定传统，但是对创新的肯定态度却是非常强烈的，即"我们不能躺在传统上睡觉"、"我们要在不断地创新当中向前发展"、"我们要往前看，绝对不要往后看"及"我们要用新的方法开发新的市场，而不要相信哈佛商学院教科书上那些东西，那里多数是些没有用的陈词滥调"。与Gumberg 先生话谈到此处时，我们不禁又想起与美食公园餐饮公司 CEO Jeff 的对话，Jeff 的看法与 Gumberg 先生的看法有着很大的不同，Jeff 认为传统对于他们的家族公司而言是非常重要的，美食公园餐饮公司六十七年前形成的第一个价值观到现在依然还是公司坚持的第一核心价值观，记得当时 Jeff 说起这个价值观时脸上充满着自豪，而且对提出这一价值观的父母也充满了敬佩。真是条条大道通罗马，都是优秀的 CEO，但在同一事情上的认识也可以这样完全不相同，而他们以及他们的公司又都发展得如此成功，由此可见企业文化真的是可以千变万化，而在这种变化万千的企业内容当中，只要是对所在企业有用的那就是优秀的，优秀与不优秀没有统一的标准，适用与可用是唯一的标准。

JJ GUMBERG 公司看重的第九个方面的企业文化是 "listen carefully"，也就是 "认真地倾听"，对此前文已经介绍了 JJ GUMBERG 公司高层领导的一个主要做法是 "他们说，我们听；我们说，他们听"，但那只是其中的做法之一，"学会认真地倾听不仅是对了高层领导的要求，而且也是对了企业全体员工的要求"。"需要倾听的内容不仅是员工们的诉求，而且还包括他们对于领导者与管理者所犯错误的指正"。

JJ GUMBERG 公司看重的第十个方面的企业文化是 "speak out"，也就是 "说出来"，它与前面一个企业文化 "listen carefully" 也就是 "认真地倾听" 是关系密切的一对理念，或者也可以把它们视作一个整体性的思想。对此，Gumberg 先生为我们举了一个例子，也就是以自己为例。他说道，CEO 是一个工作，老板也是一个工作，既然是工作就有可能犯错误，我们希望我们永远是正确的，员工也希望我们永远是正确的，所以我们就要力争不犯错误或是少犯错误。可是不犯错误是不可能的，那将怎么办呢？具体可以如下：其一，首要的一条就是犯了错误你得知道你犯了错误，不要犯了错误自己还不知道，这样你就有可能继续犯这样的错误。为了避免犯同样的错误，那就得有人可以随时指出你已经犯的错误，所以你就要让所有的人都可以畅所欲言，都可以随时说话。其二，很多员工有需求你是知道的，你要满足他们，这样他们就能安心地为你的公司工作。可是也有的员工诉求你不知道，你不知道是因为他们不说，他们不说是因为他们不想说或者主要是不敢说和不知道如何说，那你就要帮助他们建立可以说和能说清楚的路径，有了这样的路径你就可以知道他们的诉求，他们也不会因为自己的需求迟迟得不到满足而离开企业。

3.5　JJ GUMBERG 印度公司

前文已经提到过 JJ GUMBERG 印度公司的企业愿景及其发展战略，本节再介绍一下 JJ GUMBERG 印度公司的由来及其背后所反映的 JJ GUMBERG 公司高层对世界超市行业以及零售地产行业发展趋势的判断。

多年以前关于印度的发展已经是全世界的头条新闻，JJ GUMBERG 公司和其姐妹公司 Gumberg 全球从那时起就已经意识到了印度市场，并相信由于其迅速增长的中产阶级力量而可能给这个拥有世界第二大人口的南亚大国带来的巨大发展潜力。

在 2005 年，面对摇摇欲坠的美国经济和饱和的国内零售业市场，JJ GUMBERG 公司迅速派出了一个高层管理团队前往南亚次大陆，他们的主要任务就是研究那里的零售市场和现有的基础设施，以及这些国家的政治、经济和社会气候。经过几个月的认真分析以后，研究小组得出的结论是，印度的人口和新兴的零售业市场将为 JJ GUMBERG 公司提供一个千载难逢的大好机会。于是在一年以后，一个外籍高层管理团队带着一个特殊的战略来到了新德里，并开始实施这个在世界上最大的服务组织不完善的零售市场获得先发优势的计划。

为了支持这项雄心勃勃的计划，JJ GUMBERG 公司及时招募和组建了一个非常具有经验的高级管理团队，其在购物中心的设计、开发、建造、租赁和运营方面拥有广泛的知识。其中，包括 CEO 和 CFO 在内的关键执行职位都是从印度人当中选拔的，选择的依据就是他们在国际合资和新兴市场领域取得成功的记录。团队组建好以后，一个完全集成的本地运营公司——JJ GUMBERG 印度有限公司成立了，它的目标是致力于成为发展中市场的领导者，在印度每一个最具战略意义的市场上拥有和经营西方式的零售商场。这些发展目标将包括至少 100 万平方英尺的空间，并且锚定了世界上主要的国际和国内百货公司，同时还吸引了各种各样的零售租户。

根据 JJ GUMBERG 公司的计划和预判，这种在一个充满发展潜力的国家广泛且有组织地发展现代零售商场的方法，既有助于印度经济的长远发展，还会为成长中的中产阶级消费者带来因为之前服务不完善所享受不到的利益。正是在这种背景下，JJ GUMBERG 公司制定了自己雄心勃勃的发展愿景与企业战略，"我们的重点是利用我们在发展过程当中积累的强调顾客的经验和我们持续的再投资能力以确保他们不断地获得成功。用我们的承诺和卓越的商业模式作为指导，JJ GUMBERG 印度公司将在未来几十年里彻底改变印度的商业零售模式"。

在与 Gumberg 先生的会谈过程当中，我们也曾经好奇地提出过这样一个疑问，若论人口的数量和中产阶级的人数，中国的市场似乎要远大于印度的市场，为什么不选择世界第一的大市场而却选择了世界第二的市场呢？对此，Gumberg 先生说道，JJ GUMBERG 公司自 2006 年起就对中国的市场做过研究，但是基于三个方面的考虑 JJ GUMBERG 公司最终选择了去印度，这三个方面的原因，即印度人所说的语言与他们所说的语言是一样的，印度的法律与他们国家的法律很接近，印度人比中国人更偏爱美国的商品品牌。

　　此外我们还请教了 Gumberg 先生另外一个问题，那就是在如今电子商务风风火火，网上购物铺天盖地的形势下，还有必要去开发那么多的购物中心，即 "Shopping Mall" 吗？事实上这在中国也是一个受到热议的话题，听说还有人为此打过赌。Gumberg 先生对此表现得反倒非常乐观，答案主要就是 "商场购物有商场购物的乐趣，网上购物有网上购物的便利，但是便利不能取代乐趣"。为此，JJ GUMBERG 公司开在印度的商场要求是开放式的，内部装修是漂亮的，而且他还反对把商场所在的楼房建成摩天大厦，而是要把它建成宽宽大大的不能高于四层楼的大型广场，即 "我们的目的就是让顾客在这里可以找到美好的购物感受"。

3.6　公司 CEO 对于中美两国企业文化的个人看法

　　前文提到过，在本章的本节主要介绍 Gumberg 先生对中国企业的企业文化与美国企业的企业文化之差别的看法。他的这种看法是一家之言，我们不做正确与否的判断，也不做解读，只供中国的企业家们进行参考和思考。

　　以下是 Gumberg 先生给我们的资料：

China and U.S. have a different business cultures—which is the result of different history and practices.

In a Chinese company:

—Everything is in harmony.

—Change is viewed as disruptive. The reason: there are too many employees.

—Build on subtlety.

—Reduce confrontation.

—Privacy is not highly valued.

—Saving face, we do not say "no" easily.

—Self-control makes employees appear "shy".

—Reflect a more silence.

—Not to exaggerate.

在中国的企业：

○一切都是和谐的。

○因为员工太多，改变往往被视为是破坏性的。

○很多事情是建立在微妙的基础上。

○人们喜欢减少对抗。

○并不过于看重隐私。

○重视面子，说"不"不容易。

○因为太多的人喜欢自我控制，所以很多员工都比较"害羞"。

○员工对于很多反映比较沉默。

○不喜欢夸大。

In U.S. company:

—Efficiency and effectiveness is stressed.

—Focus on end result.

—Logical reasoning and facts.

—Encourage change to get desired results.

—Frank and open.

—Increased tolerance on diversity.

—Separate personal and business relationship.

—Friendship can be formed and dissolved quickly.

—Stress on individualism for personal achievement.

—Uncomfortable with gaps of silence.

—Some Americans feel okay to exaggerate.

在美国的企业：

○强调效率和有效性。

○注重结果导向。

○喜欢逻辑推理和事实。

○喜欢通过改变获得期望的结果。

○坦率和开放。

○增加了对多样性的容忍度。

○个人关系和商业关系分得很清楚。

○友谊可以迅速形成，也能够很快溶解。

○强调个人成就基础之上的个人主义。

○不喜欢沉默。

○有些美国人觉得可以夸大。

第 4 章　Campos 公司的商业模式与企业文化

Campos 公司是一家帮助客户研究品牌、战略与创新的企业，企业的主要发展理念就是"在你行动之前我们进行思考"，其在研究战略管理的时候使用的是伟大的战略管理学先驱 Michael Porter（迈克尔·波特）的思想。

与第 3 章研究的 JJ GUMMBERG 公司一样，Campos 公司的名字就是企业创始人的名字，不过与 JJ GUMMBERG 公司略有不同的是，Campos 不是其女性创始人 R. Yvonne Campos 的全名而只是她的后名字，事实上也就相当于我们中国人所说的姓。所以，用中国古代的方式称呼 Campos 公司就类同于"张记粮店"、"李记烧饼"和"王记茶楼"一样，只不过这个 Campos 公司所做的业务却要比"张记粮店"、"李记烧饼"和"王记茶楼"高端的多，它是一家管理咨询公司，主要业务是帮助其他企业进行品牌与战略管理。

Campos 公司是我们见过的能够把企业文化与商业模式进行全面结合的企业之一，公司的业务选择完全是在企业领导人所建立的针对企业经营和品牌管理的理念指导之下进行的，公司的业务开展也完全是以时代发展的理念、企业战略管理的理念和创新理念为基础，这一点与同属管理咨询行业的 Othot 公司形成了对比。事实上 Othot 公司帮助客户进行管理咨询时借助的是其强大的和最前沿的分析技术与预测工具，其领导人在创业之初相信的是机会、运气和技术的力量而不是理念、企业文化这些柔性的因素，而 Campos 公司帮助客户制定战略与品牌管理的方案虽然也借助技术工具与数据分析，但其核心的力量还是来自于企业领导人以及企业咨询团队的知识、智慧、理念和对产业、企业、时代发展趋势的把握。

针对本章，作者的安排如下：4.1 节介绍 Campos 公司的三位女性领导人，使读者初步感受 Campos 公司的经营理念和发展特色；4.2 节介绍 Campos 公司的企业使命以及为了达成这个使命而竖立的工作理念；4.3 节介绍 Campos 公司的企业家所看重的企业家能力与企业家经验，以及 R. Yvonne Campos 对绩效管理是如何影响企业文化的看法与观点；4.4 节介绍 Campos 公司的三个主要业务以及在这些业务运作过程当中创立的十个方法和工具，它们分别是 Campos 公司的品牌管理方案、Campos 公司的战略管理方案、Campos 公司的旅程管理方案、Campos 公司的数据驱动方法、Campos 公司的三百六十度环境分析法、Campos 公司的定量研究法、Campos 公司的定性研究法、Campos 公司的客户经历分析法、Campos 公司的创新工具和 Campos 公司的决策地图。所有这些方法都冠以 Campos 公司的名字是为了区分 Campos 公司在使用这些方法时与一般企业使用这些方法的区别，在这十个方法当中都被注入了 Campos 公司特有的内容与技术。

4.1　杰出的女性领导人

Campos 公司是作者访谈的第四家企业，R. Yvonne Campos 是作者在美国访谈的第一位女性 CEO，也是在本书中所介绍的唯一一位女性创业者和成功的企业家。

从表面上看，Campos 公司在领导结构上与其他企业有所不同，它实行的是双 CEO 领导制，公司的创始人 R. Yvonne Campos 担任的是创始人兼首席执行官，公司的另一位女性领导人 A. J. Drexler 担任的是首席执行官兼首席策略师。在没有见到 R. Yvonne Campos 之前我们不太明白这样的双 CEO 领导体系是如何运作的，并且又能如何运作。

首先看一下在 Campos 公司网站上对 R. Yvonne Campos 的个人情况介绍：Yvonne（伊冯）毕业于犹他州大学，在犹他州大学获得了心理学学士学位，之后成为匹兹堡 XI 类领导力的毕业生。现在的 Yvonne 是美国公认的焦点小组的主持人、促进者和顾问，她帮助美国众多的企业、教育机构、非营利组织和专业组织运筹帷幄，给它们设计战略方案，并指导它们具体实施市场研究工作。Yvonne 领导的 Campos 公司成立于 1986 年，是匹兹堡市场上首屈一指的研究公司，Campos 公司通过引入新的和创新的研究技术和消费趋势分析，提供无与伦比的客户服务并且可以帮助客户创建和维护强大的业务关系。

与 Yvonne 的面谈是在 2016 年 6 月 22 日上午进行的，因为宾夕法尼亚州是美国四个时区当中与中国时差最大的一个，正好是十二个小时，所以这一天在中国虽然也是 6 月 22 日，只不过会谈是在上午的 9 点 30 分，而这一刻却是中国的晚上 9 点 30 分，也就是我们习惯上所说的 21 点 30 分。事实上，在这一天同时安排了两个面谈，另一个面谈是第 5 章要介绍的路桥资本公司的 CEO，他的名字叫做

Mark Peterson。与 Mark Peterson 的面谈是在 2016 年 6 月 22 日下午 2 点进行的，而那一刻中国已经进入了 2016 年 6 月 23 日的凌晨 2 点。

也就是在我们的中国朋友即将入睡的时候，我们却在一个美好的早上驱车去见了杰出的女性企业家 R. Yvonne Campos，我们称其为 Campos 女士，而她们公司的员工们则亲切地称呼她为 Yvonne，所以我们也就同样使用了这个称呼，我们前面说过，这种称呼代表着一种亲切。

我们与 Yvonne 的面谈由她选择地点，而她没有选择去 Campos 公司，而是选择去了一家咖啡馆。在美国，到咖啡馆的人不全是为了喝咖啡，因为多数的咖啡馆同时也是饭店，人们可以到那里用餐，同时喝点咖啡；也可以只是喝咖啡而不点餐，并约上朋友在那里聊天，想聊多久就聊多久；也可能不是为了聊天，而是为了找一个地方看看书，上上网，为了这个目的的话，咖啡馆是一个不错的选择。在匹兹堡大学校园内有两家星巴克的咖啡馆，原先仅有一家，今年也就是 2016 年春天又开了一家，到第二家星巴克咖啡馆喝咖啡的人基本上是匹兹堡大学的学生或是在这里进修和学习的社会人员，他们进入咖啡馆是"醉翁之意不在酒"，在乎的只是一个地方而已。

美国的饭店和咖啡馆都很宽容，一杯咖啡，一天学习，没有人会赶你走。

我们去的不是星巴克，而是一个叫做 Panera Bread 的地方，Yvonne 很早就点了一杯咖啡在那里等我们，等我们到了以后 John 也点了一杯咖啡，而我到了美国八个多月了，还是没有养成喝咖啡的习惯。

Yvonne 给人的第一印象是，这是一个友善的老太太而不像是 CEO；第二个印象是，这是一个非常健谈的 CEO 而不是一个老太太（图 4-1）。见面第一轮交流还不等我们问，她就给了我们关于双 CEO 领导制的答案，原来在三年前也就是 2014 年，她把自己创建的公司卖给了 A. J. Drexler ——这个曾经合作过的生意伙伴，自己转任创始人兼首席执行官，继续留在公司工作。也就是说，她现在已经不是 Campos 公司的老大，而是变成了二号人物。这种现象很有意思，模模糊糊的印象当中中国也有一家很大的房地产公司的 CEO 也是这样做的，只不过他把公司卖给别人以后自己还是做老大而没有像 Yvonne 这样选择了做二号人物。

对于为什么要卖掉公司，Yvonne 说道，"因为她比我聪明，比我年轻，能够做得比我好"。

Yvonne 嘴里说的这个比她还聪明、比她还年轻、比她还懂得经营的企业家就是 Campos 公司的现任首席执行官兼首席策略师 A. J. Drexler。首先来看一下 A. J. Drexler 的相关情况：作为波士顿学院的荣誉毕业生，A. J. Drexler 所受的教育使她获得了美国社会、智力和文化历史的综合知识。在过去的二十五年里，A. J. Drexler 专注于她的工作，她在广告代理和市场研究两个方面的业务上对客户有

图 4-1　李文明、R. Yvonne Campos 和 Delaney John Thomas

着深刻的理解，借助这种理解她可以帮助客户企业激发品牌的优势并且提高营销策略管理的水平从而推动企业快速地向前发展。

A. J. Drexler 是通过使用各种形式的数据来发现营销见解的，她善于进行各种形式的定性研究，也喜欢在定量项目的交叉研究中"游泳"，以寻找未来行为的线索。对"是什么驱使人们去做他们要做的事情"有着无限的好奇心，她在寻找"故事"背后的"故事"来接近她的研究和规划工作。而这种好奇心也是她能够与很多客户保持超过 20 年密切关系的关键。这样的客户每年都可以依靠 A. J. Drexler 帮助他们深入挖掘即将面临的新挑战。多年以来，她一直帮助能源、医疗保健、零售、银行和非营利类别的企业制定各种领先的策略。

在与 Yvonne 的交流过程当中，她对 A. J. Drexler 的赞美不吝用词，用了差不多四分之一的时间在介绍 A. J. Drexler 的管理理念和个人风格，并且一直在说

A. J. Drexler 聪明、博学、上进，善于调动员工，懂得分享，经验丰富，具有深刻的洞察力，能够处理好内部与外部的关系，在市场研究方面有着深厚的理论基础和实践经验，乐于合作，喜欢激励员工，善于建构全面发展的平台，能够整合零散的事物描述一个完整的故事等。这也许就是她把公司卖给 A. J. Drexler 而不是让家人继承的主要原因。由此反倒让我们更加钦佩这个老太太 CEO 的胸襟与气魄。

除了以上两位主要的女性领导人以外，接下来再介绍一位 Campos 公司的女性高管，这是位列领导序列第三位的人物。通过对三位杰出女性管理者的介绍，希望中国的女企业家从中可以找到相同的感受，并且为那些有志于成为女企业家或者女高管的年轻女性提供一点借鉴和参考。

这位 Campos 公司女性高管的名字叫做 Kelli Best，她为 Campos 公司已经工作了二十年。说起来也非常有意思，Campos 公司的三位杰出领导者她们分别为公司工作的时间如下：R. Yvonne Campos，30 年；A. J. Drexler，25 年；Kelli Best，20 年。而她们在公司领导序列当中的原先位次正好与这个时间的长短成正比。我们不知道这是不是一种巧合，但是可以知道的是，如果一个人不能建立自己的公司却也希望能够成为优秀企业家的话，那么他就应该忠心耿耿、踏踏实实地在一个企业持续地做下去，只要这个企业有潜力，只要这个企业所在的行业有前景，那么这个人的坚持和忍耐就一定会帮助其在未来取得成功。

接下来继续说 Kelli Best，她拥有超过 20 年的管理经验，管理着焦点小组和深入访谈的研究项目，还负责指导 Campos 公司的现场管理、招聘和客户托管团队。此外，她的工作需要同时与内部和外部的客户沟通，以确定目标段，建立筛选标准，并确定抽样来源。为了确保客户可以集中精力进行研究，Kelli Best 会向客户提供项目成本，分配工作人员，监督招聘答辩人的过程，收集数据和调度设施。

Kelli Best 承认她的工作不仅是一个服务提供商，而且也是合作伙伴。她有始终贯穿整个规划过程中的目标，并能够提供有洞察力的见解和有价值的建议，以确保每个项目的成功。她时常自豪于自己的创意，并乐观，注重细节，以及卓越的组织管理技能。为此，有众多的企业选择与她合作，这其中包括与当地一家医疗器械制造公司建立合作伙伴关系，共同开发、共同收集数据、共同处理和共同报告。此外她也曾与 Del Monte 公司以及史密斯兄弟公司紧密合作，以帮助他们筛选和招募用户，并与 Highmark 公司合作进行招聘并在当地和其他市场上共同主持了众多的会议。

4.2　Campos 公司的企业使命与工作理念

4.2.1　Campos 公司的企业使命

在 Yvonne 看来，如果你能够全面地理解自己整个"故事"的话你就能做出正确的决定，无论你是个人，是企业，还是其他类型的组织，概莫能外。而 Campos 公司所说的"故事"，可以把它理解为从全局看问题和发展，也可以理解为制定系统性的分析方案或解决方案，当然，如果把这二者结合起来理解将可以更加全面地把握 Campos 公司特别喜欢使用的这个概念的专有内涵。

以上一句话作为前提，Campos 公司为自己设计的企业使命是，"帮助你深入了解你的品牌背后的复杂性，你的组织，或你的问题，这样你就可以放心地采取下一步的战略"。为此，"我们会整合一个数据科学家、高级的与中级的研究人员以及经验丰富的分析师组成一个工作团队，由他们协同工作来解决你们面对的最复杂的业务问题"。"我们会使用各种各样的研究工具和方法，作为您的品牌计划，您的客户策略，或您的下一个市场创新的基石。"

4.2.2　Campos 公司的工作理念及其关键要素

Campos 公司的工作理念就是为实现以上企业使命而向客户提供可以帮助他们成功的三个关键要素，这三个关键要素可以统称为"三个一要素"，它们分别是"一个全面的计划"、"一个专属的战略专家"和"一个完整的故事"。

1. 一个全面的计划

根据 Campos 公司的设计，其为客户提供的服务菜单不仅体现在定性和定量相结合的通常研究区域，而且还体现为向客户提供研究、规划、连续性战略的系统解决方案。Campos 公司会根据客户的困难或问题把必要的研究组件进行有效整合，分析所有的复杂性然后告诉客户整个"故事"的内容。"正是我们这种全面的理解，让你可以对你的战略充满信心。"这个思想有点像多年前我们合作过的一个事业单位设计的类企业工作理念，这个单位的工作职责是为当地的中小企业发展提供各种各样的支持，尤其是在创新方面的扶持，其工作性质与本书后文将要研究的路桥资本公司非常相仿，路桥资本公司提出的工作理念就是，"我服务，你创新"。而 Campos 公司的工作理念似乎也可以概括为，"我研究，你发展"。

2. 一个专属的战略专家

Campos 公司除了为客户提供一个全面的计划以外,还会为每一个客户提供一个具有针对性的战略专家,战略专家的作用就是整合和统一所有研究或计划的连续性。"我们的每一个战略专家都受过严格的训练,所以他们可以识别真正的战略机会","你的战略专家也是你的导师以及你与 Campos 公司联系的桥梁,通过这个专家和他的工作过程可以将你的行为和行动计划与我们所有的研究专家进行有效地连接","在这一天结束时,你的战略专家会了解并理解你的商业背景,他和他们可以帮助你确定你的制胜战略。"

3. 一个完整的"故事"

基于一个全面的计划和一个专属的战略专家,Campos 公司要向客户提供的是一个系统的解决方案,即"我们的研究结果确实是我们所说的故事,而不是你破译的统计数据。我们用统计数据作为最终的手段,但不会把它们当做目标。我们围绕你的品牌,你的组织,或你的问题的整个背景去建构体系。这是你和你的团队可以自己拥有的故事,并且是很容易在整个组织当中进行传播的故事。它将成为你可以安全地进入你的未来战略的平台"。

4.3　Campos 公司的企业家谈企业家的经验和绩效管理对于企业文化的影响

在与 Yvonne 的交流过程当中,我们一共提出了六个方面的问题,其中有两个问题是我们一直比较感兴趣的,具体如下:①作为一个优秀的企业家,你有什么经验、心得、知识、技能和理念与中国的企业家们分享;②作为一个多年经营企业的公司 CEO,你是如何看待"绩效管理是如何影响企业文化"这个问题的。我们知道对于第一个问题,不同的企业家会有非常不同的答案,就在我们这次与多位企业家进行面对面的交流时,他们针对这个问题的回答几乎没有两个人是完全一样的,这或者也可以说明一个道理,即"成功的路有很多条,成功的经验有很多种,而唯有最适合你的那一种和那一条才能够帮助你真正取得成功"。对于第二个问题,我们在中国和美国都曾经做过深入的文献梳理,但是却几乎没有找到任何有价值的资料,与之形成鲜明对比的是研究企业文化影响绩效管理的文献资料却是汗牛充栋,数不可数。

4.3.1　如何做一个优秀的企业家

在 Yvonne 看来,一个优秀的企业家或者希望成为优秀企业家的年轻人应该做到如下六个方面的事情。

（1）经营一个小的企业也要如同管理一个大的企业那样用心,那样规范,那样有战略、讲战术,并且从各个方面严格地要求自己。如果这样做的话,那就具备了成功的基础;如果坚持这样做下去的话,小的企业终有一天（sooner or later）会变成大的企业。

（2）善于寻找机会,主动出击,并且要学会立即反应。

（3）对于员工要善于激励和鼓励,要为他们建构最好的发展平台,而不要试图控制他们,命令他们,不要天天想着让他们做事情,而要让他们天天想做事情,为此,企业家要为他们创造和提供最好的发展机会。

（4）要让员工能够在你的公司里感觉到舒服,Yvonne 反复强调"comfortable"这个词。为了让他们感觉到舒服,你就要站在他们的位置上去想事情,要帮助他们学习,要学会与他们分享,并让他们也学会与人分享,要让他们变成有追求的人。

（5）经营一个企业必须要有清楚的战略与愿景,而且作为企业家要用心地向员工们描述这个战略,为员工建构清楚的愿景画面,一个很大的画面。"在我的员工中,很多人都是追随了我几十年,他们从不计较低工资,低收益,他们看重的是我这个人,我这个能够用心做事情,用心对待员工的人。"

（6）友善地处理内部与外部的关系,尤其是要友善地处理与离开企业员工的关系,"我有一些员工,他们多年前离开了企业,但是我们一直保持联系,保持着亲密的关系,他们在纽约发展了多年,后来还是回到了我这里,他们说在我这里工作感觉就像在自己的家里一样"。

4.3.2　绩效管理如何影响企业文化

在 Yvonne 看来,绩效管理对于企业文化的影响是非常巨大的,这可以表现在如下几个方面。

（1）做,然后知道应该如何做;做,然后知道应该如何想。好的思想都是在做的过程当中产生的,也是在做的过程当中巩固的。所以如果没有优秀的绩效工作、绩效管理、绩效表现就不可能产生优秀的企业文化。"一开始所想的,可是后来并没有做;或者一开始是这样想的,但是后来却是那样做的,这样先入的思想并不能成为一个公司真正的企业文化内容"，"可以想，但是要在做中验证，验证是有效的思想，下次再用它指导行动，长此以往它们就变成了企业文化"。

（2）我们就在这里，尽管我们知道我们想去哪里，可是我们在这里没有做好的话，我们想要去的愿景就实现不了，我们的企业使命也就不能完成。

（3）员工有了好的绩效表现，然后你要给他奖励，他受到了奖励以后再去好好表现，这是一个行动的循环，是一个绩效管理的循环，这个循环历经多次以后就会生成一种积极的企业文化，它倡导的是奖勤罚懒的企业发展风气。

（4）我们经常说要培育分享的文化，可是分享什么呢，与谁分享呢。如果我们什么也没有创造，什么也没有生产，那就没有什么可以分享的东西，组织没有绩效成果，个人没有绩效表现，我们要分享的东西就是空中楼阁，就是画饼充饥，就是痴人说梦。再者，即便有了可以分享的东西，也要分清楚分享的对象，那些绩效表现好的人你可以与他分享，那些什么都不做，什么绩效表现也没有的人你也要与他们分享吗？如果你这样做了的话，那不就等于是在鼓励一种懒惰的行为，激励一种游手好闲和好逸恶劳的企业风气吗？

（5）有很多公司喜欢讲快速执行的企业文化，可是这种企业文化是怎么形成的，它可以形成的基础就是你能够在行动上对于任何事情和任何事物都可以立即反应，能够立即反应的人与不能立即反应的员工要获得区别对待，这种区别表现在他们的收入上，表现在他们的晋升上，表现在他们的长期收益上。如果对待反应与不反应的员工是一样的，给予反应及时与不及时的员工的待遇没有任何差别，那么企业快速执行的企业文化根本就不可能形成。

4.4　Campos 公司的主要业务和商业模式

根据前文所分析的 Campos 公司的企业使命可以看出，Campos 公司的主要经营业务就是整合一个数据科学家、高级的与中级的研究人员以及经验丰富的分析师组成一个工作团队，由他们协同工作来帮助客户解决他们所面对的最复杂的业务问题。可是 Campos 公司的专家如何工作才能帮助客户解决他们所面对的最复杂的业务问题呢？换句话说就是，为了能够帮助客户解决他们所面对的最复杂的业务问题 Campos 公司能够做些什么呢？针对这个问题得出的答案其实就是Campos 公司的主要业务和商业运作模式，而这个问题的答案只有短短的六个字，那就是"战略"、"研究"和"创新"，Campos 公司的主要业务和商业运作模式就是围绕这六个字、三个方面展开的。

其中针对"战略"，Campos 公司在做三个方面的事情，即以 Campos 公司的品牌管理方案激励和创新客户的品牌；以 Campos 公司的战略管理方案优化客户的选择；以 Campos 公司的旅程管理方案帮助客户重新设计他们的旅程管理。

针对"研究"，Campos 公司在做五个方面的事情，即借助 Campos 公司的数据驱动方法，利用客户自己的数据帮助他们挖掘自己的"故事"；借助 Campos 公司的三百六十度环境分析法帮助客户从森林当中看到树木；借助 Campos 公司的定量研究法帮助客户通过分析寻找答案；借助 Campos 公司的定性研究法帮助客户全面理解他们的顾客；借助 Campos 公司的客户经历分析法帮助客户探索他们的用户体验。

针对"创新"，Campos 公司在做两个方面的事情，即以 Campos 公司的创新工具帮助客户从内部点燃创新；以 Campos 公司的决策地图帮助客户定义他们的顾客以及如何做出决策的方法。

下面就将 Campos 公司这十个方面的业务或者能力与工具一一地进行详细介绍，既说其然，也说其所以然，并略说其如何然。如此详细地介绍 Campos 公司十个工具的主要目的不是要为此类型的中国公司提供借鉴，而是要为所有类型的企业提供品牌管理理念和方法方面的参考。

4.4.1　Campos 公司的品牌管理方案

根据 Campos 公司的理解，在新的竞争者进入一个市场和外部创新驱动之间需要一个过程，这个周期过去让你可以制定三到五年的品牌规划，而现在它已经缩短到了两年，这还得看你是否幸运地进入了一个节奏还不算很快的产业。"今天的企业品牌拥有之前从未有过的重要地位，它被用来应对快速变化的市场，而我们的业务重点就是激励和创新你的品牌"，"在 Campos 公司，我们看待品牌规划的责任是非常严肃的。当一个企业组织因为品牌规划来寻求我们的帮助时，他们之所以这样做的原因在于他们知道，品牌的重要性远远大于今天所谓的创意执行"。

基于这个方案，Campos 公司提出了四个问题并且分别给出了明确的答案，借助这些答案我们就能比较清楚地了解 Campos 公司的品牌管理方案到底是指什么，以及它有什么样的作用。

1. 为什么说"研究"是品牌规划的重要组成部分

Campos 公司认为，在今天的品牌规划过程当中，"数据"和"研究"是驱动品牌发展的重要力量。"品牌规划工作的重点是直接的研究，它需要借助每一个营销经理或品牌经理提供大量的可用数据，此外还要培养可以深入了解为什么客户和潜在客户要连接或不连接您的品牌的分析能力，让我们共同迈出这一步，而且要迈得远一些。"

具体说来，在品牌策划方面，"研究"可以发展挥两个方面的重要作用，其一是，"准确和自信地定义你的世界正如我们今天所知道的那样"；其二是，"通过挖掘其中的潜台词以确定发展的模式，这个模式由数据提供线索，它可以帮助你的品牌知道要往哪个方向发展，而且还可以知道未来在哪个领域它们会取得成功"。

2. 什么是 Campos 公司的品牌管理方案

Campos 公司对于什么是品牌有一个非常具体的理解，"你的品牌就是引导你的公司如何去想，去做，以及如何去交流的纪律"，通过 Campos 公司的品牌管理方案，"我们可以从内部挖掘你的品牌的每一个维度，如果你的品牌是为了真实地反映你的组织认为自己是谁，那么就应该从这里开始。然后，我们深入地挖掘你的客户和潜在客户的需求，并在你的市场为他们提供展示自己的机会"。

3. Campos 公司对于品牌管理有什么独特的方法

Campos 公司对于品牌管理采用的是一个广泛的、从内到外的和以研究为驱动力的方法。它从识别和界定企业内部或组织整体的看法、期望、信念和品牌与业务的能力开始。一旦这些内部的观点被建立和记录，Campos 公司就会分层地去解读品牌发展的环境，包括市场机会、竞争的激烈程度、客户的需求和声音等。最后，Campos 公司品牌规划专家会综合各种数据观点以构建大型和小型组织胜利的平台。

4. Campos 公司对品牌管理的步骤是什么

Campos 公司把品牌管理分成三个阶段。其中，第一个阶段由内部探索和外部研究构成，第二个阶段是用 Campos 公司定性研究法和 Campos 公司定量研究法对企业外部情况进行研究，第三个阶段是综合分析与采取行动。

在第一个阶段的内部探索方面，要探索的内容包括股东的反馈、内部 SWOT 分析、企业使命、企业愿景、企业的声音。在外部研究方面，研究的内容包括建构一个基于 Campos 公司三百六十度环境分析法和 Campos 公司数据驱动方法的框架，其目标是要获取一个全面的和精确的画面，从这个画面当中要看出竞争状况和内部环境对品牌管理的影响。

在第二个阶段，定性研究是用来收集来自主要目标受众的直接反馈，定量研究的目的则是提供可操作的和有统计学意义的见解。在这一阶段的最后，Campos 公司会创建一个彻底的和说明性的肖像，它将告诉你"今天你的客户是谁，他们明天可能是谁，从而会告知和影响你品牌发展的具体方向"。

在第三个阶段，Campos 公司将会综合分析、交叉引用、系统整合来自内部和外部研究的所有结果以创造一个连贯的、可操作的品牌平台，并告知客户最后的战略规划文件。在这个过程中一共包括五个步骤，它们分别如下：确定竞争优势、定义品牌管理平台、建立战略目标、制订合作行动计划、基于金融模式和记分卡进行统一的行动。

4.4.2　Campos 公司的战略管理方案

Campos 公司对战略的理解来自于美国著名的也是世界知名的战略管理学的伟大先驱 Michael Porter 先生，"战略是一个公司在它所属的行业当中建立独特地位的一系列选择的整合，如此这个公司就可以在这个行业当中取得与竞争对手相比可持续的竞争优势和超额的价值"。Campos 公司的领导者认为，按照这个定义，"战略就是所有的选择"，而"赢的战略就是明确的、独特的和积极的选择"，它将帮助企业组织建立自己的价值。

"让我们采取进一步的行动：让最好的领导做出最好的选择，即通过综合思维评估一系列的选择内容，并将这些点连接起来进行对比分析以确定最佳的选择方案。在一个理念的世界当中，这就需要确定一个蓝海战略，在那里你的组织可以在与竞争对手的竞争中全面胜出。"

针对 Campos 公司的战略管理方案，Campos 公司自身也提出了三个问题并且分别给出了答案，借此来向客户说明 Campos 公司的战略管理方案是什么，它与众不同的地方是什么。

1. Campos 公司在战略规划方面的作用是什么

Campos 公司认为，他们在客户进行战略规划时可以发挥的作用是"我们是你的综合思想专家"。"我们是战略专家，是分析师，是研究人员，我们可以帮助你和你的公司团队初步确定可能的选择，然后深入挖掘相关的数据和还没有开发的潜力，以确定哪一个选择或者哪一个组合选择会为你的公司增加更多的价值。我们与你和你们的团队紧密合作来建构一个逻辑关联的选择，它是有意义的而且可以在你的组织内部从各个方面激励你们的行动。"

2. 什么是 Campos 公司的战略管理方案

受到 Michael Porter、A.G Lafley 和 Roger Martin 三人工作的激励和鼓舞，Campos 公司把战略规划的方法视作一门学科，由它指导一个组织选择要做的事情和有时不做的事情。在 Campos 公司看来，选择要做的事情与选择不要做其他事情同样重要，而这正是 Michael Porter 竞争战略分析思想的一个重要组成部分，即"我们的工作就是通过一系列的计划会议和活动来让你和你的组织做出最好的选择，这将为你提供竞争的优势"。

3. Campos 公司的品牌和战略规划方法的独特之处是什么

许多企业组织在开始其战略规划过程时会花费几个月的时间去界定信息的每一个要素，有了这些要素其才能够开始各自的战略规划过程。而 Campos 公司喜欢从帮助客户识别战略性的问题开始去寻找解决这些战略性问题的战略性选择，然后他们的团队会与客户的团队一起紧密合作共同确定能够帮助客户取胜的方法。"只有从关键性的信息开始分析这样才能够帮助你确定哪一个战略可以帮助你最终赢得胜利。事实上，我们是一个完全集成的研究组织，我们就是要帮助您获得一个完整的研究能力以支持您的战略规划工作，有了这样的能力就可以清楚地定义和建立可以让您赢的战略规划。"

4.4.3　Campos 公司的旅程管理方案

Campos 公司的旅程管理方案的核心目的就是帮助客户重新设计他们的旅程，事实上根据 Yvonne 的介绍,作者理解她和她们公司所说的这个旅程管理方案应该就是帮助客户企业加强过程管理，而且是从"beginning"到"success"的全过程管理。

俗话说："你不能管理你没有把握的事情。"这是客户旅程管理的关键出发点。"深入理解你的客户在你的组织当中是如何从 A 点到 Z 点的是第一步。只有这样你才能弄清楚哪里是痛点所在，在哪里失去了机会，最终才是如何从战略上重新设计你的旅程，以防止或减少竞争对手的冲击"。

针对 Campos 公司的旅程管理方案，Campos 公司自身也提出了三个问题并且分别给出了答案，借此来向客户说明"为什么最好的品牌现在正在展开争夺客户的旅程"，"Campos 公司在顾客旅程规划上的作用是什么"，以及"Campos 公司对于旅程管理有什么步骤"，下面我们分别看一下其中的详细内容。

1. 为什么最好的品牌现在正在展开争夺客户的旅程

如今，越来越多的公司开始加强学习，而不再仅仅是对消费者自己设计的旅程做出反应，此时品牌在塑造公司的客户路径当中扮演着重要的角色。通过构建的旅程可以为企业提供有价值的客户和品牌，为此，企业和品牌现在有机会带领客户，而不是跟随他们。就像他们的任何产品和学习那样，这些营销人员开始越来越多地管理旅程，通过提供这样的客户价值留住客户。客户这样做不是因为他们被强迫或没有其他选择，而是因为旅途本身对客户有着明显的效益。这种在战略上从一个主要的反应者变成一个积极的影响者的重大转变，提供了一个巨大的机会，可以让企业获得领先的曲线。

"在其他许多行业，我们帮助企业重新定义和重新设计品牌，不断完善他们的旅程，以帮助客户吸引他们的顾客并且留住他们的顾客。我们帮助创建定制的经验是如此精细的调整，所以一旦消费者进入路径，他们就不再顾虑自己的竞争对手。这难道不是每一个品牌的最终目标吗？"

2. Campos 公司在顾客旅程规划上的作用是什么

在 Campos 公司，"我们有一个多模态研究团队和战略专家将与你一起规划顾客旅程，这个工作一以贯之，他们从开始到结束都将全面参与"。在每一个阶段里，Campos 公司的专家都会扮演数据科学家的角色，他们进行定性和定量的研究；Campos 公司战略专家的作用就是促进有效的创新，为客户的未来旅程进行规划，并在旅程结束时提供有效的方案。

3. Campos 公司对旅程管理的步骤是什么

与品牌管理分成三个阶段一样，Campos 公司把旅程管理也分为三个阶段。

其中，第一个阶段是映射企业当前的客户旅程，这个阶段主要借助数据完成。Campos 公司的数据科学家会从客户现有的顾客数据当中挖掘每一段旅程的有用数据。旅程数据来源有很多，但通常在客户组织当中的位置是断开的。它包括结构化的数据，如销售数据、交易数据、人口统计等；也包括非结构化的数据，如网站讨论群体、社交听众等。"我们就是要找到并分析这一切的数据以找到掘金的洞察力，从而帮助我们的客户旅程比其他人的更成功。"

为了完成这一任务，首先要使用定性的和民族志的数据。一旦故事的基础已经通过数据显示，Campos 公司的定性研究小组就要开展工作。"我们直接与您的客户连接，使用他们的数据足迹，以指导深入讨论他们在每个路口做出如此选择的原因，使用数据足迹迫使他们承认他们的实际行为和处理事情的实际情况。这是结合其他点的民族志资料，通过文件收集和观察以提供客户经验的全面看法。"

其次要做到可视化。"为了促进理解和建设性的对话，我们设计的客户之旅被映射的方式，可以让您的多学科团队的每个成员都可以欣赏。痛点和机会都有明确的界定，这也可以成为改进和创新的基础。"

第二个阶段是评估市场。在数据分析的基础上，Campos 公司的三百六十度环境分析法团队将开始深入地评估客户企业所在行业当中最好的实践，然后帮助客户从主要竞争对手那里学习如何有效地开展顾客旅程，并且根据客户所在的行业以及针对客户的广泛顾客调查和他们潜在的客户或市场，验证目前客户之旅的结果。由于映射是典型的基于具有代表性的样本进行的验证，因此这些验证可以发现更大的市场，这是至关重要的可以改善和创新的客户之旅。

第三个阶段是创新和战略化理想的客户之旅。这一阶段的主要工作就是结合前面两个阶段在战略专家领导下于过程当中获得的知识，并利用多学科的团队力量来规划和优化围绕未来客户旅程的方法。"通过领先的合作练习，我们可以帮助客户确定顾客旅程的方式，这可以提高你的目标，防止你的客户考虑竞争的替代产品。"

Campos 公司认为，在规划企业客户之旅的未来时有三个主要的领域应该考虑。

第一个是自动化，"哪一部分的过程可以无缝地发生在幕后？""和后端一样复杂，如何做才能简化前端使之通过一个期望的过程来舒适地引导客户？"

第二个是积极的个性化，需要考虑如下：你知道今天的客户和他们的期望；你知道他们以前与你的品牌的关系，而且你承认它也欣赏它；你如何能从你的客户的过去的行为当中学习，并且把它们整合到你的理想客户的旅程。

第三个是语境互动，即今天当你的顾客走进你的零售店或你的医疗保健设施时，你有机会以前所未有的方式欢迎他们，并且你的客户很快就会期待你这么做。

4.4.4　Campos 公司的数据驱动方法

前面三个方面的内容是 Campos 公司针对"战略"所做的事情，或者也可以把它们看做 Campos 公司的三个主要业务，在其过程当中包含着 Campos 公司的商业运作模式。接下来的五个方面是 Campos 公司针对"研究"在做的五个事情，事实上也可以把这五个方面的内容理解为 Campos 公司特有的五种方法或者是五种操作性的工具。

其中第一种工具就是 Campos 公司的数据驱动方法，它的作用就是利用客户自己的数据帮助他们挖掘自己的"故事"。"在 Campos 公司我们有一个团队的数据科学家知道所有类型的数据。但我们总是从最重要的开始，也就是从你的数据开始！为什么要从你的数据开始你的规划呢，因为大多数组织都有大量的数据，但他们往往不知道用它来做什么。"

可以从以下四个方面去理解 Campos 公司的数据驱动方法，这同样是出自

Campos 公司的四个问题。

1. 为什么要从你的数据开始你的规划

其实针对这个问题前面已经看到了答案，但是这个答案还不够具体，在现实生活当中，我们会经常听到企业组织传出这样的声音，即"我的数据是一个混乱的堆积"。不过在 Campos 公司看来，这就是开始的地方。"巨大的商业智慧往往被忽视，这使数据挖掘的任务看上去似乎是不朽的。"是的，数据遍布在你的组织当中，也遍布在销售里、营销里、运营中、分销中，或任何其他部门中。

但是在更多的情况下，数据存在的形式被称为"情绪数据"，或者叫做"非结构性数据"，它的内容包括社会媒体的谈话，推特上的内容，电子邮件和网站访问者流量，以及演示文稿和文件，这些都是已经存储但却从未分析的非结构化数据。一个保守的估计是，90%的数据都是以这种非结构化的形式而存在着。"隐藏在您的组织内的大量的数据储存可以为您提供一种洞察力，它们可以告诉你品牌，营销，广告，并基于购买行为和对你的品牌的态度提供战略方向以创建客户文件和层次基础。"

2. 什么是 Campos 公司的数据驱动方法

Campos 公司的数据驱动方法实际上就是利用"大数据"帮助客户企业获取竞争优势。"我们帮助您优化您的大量的结构化数据和非结构化数据"，"我们的数据分析专家访问，汇总，并将所有的数据集成到一个平台上，借此可以提出关于公司战略和策略的关键见解，并且可以反馈品牌信息，广告效果和营销活动"。

3. 哪些结构化和非结构化的数据可以帮助企业更好地了解客户和提升品牌

Campos 公司认为它们是一个整理、组织、分析公司内部数据的专家，这些数据包括销售数据、时间序列数据，以及不同的客户信息包括人口统计和购买模式等。而一个公司所有相关于其顾客、产品、分销渠道的任何数据都可以被分析和使用。

此外，Campos 公司认为，其也善于分析任何类型的非结构化数据，这些数据并不驻留在关系数据库中，但是确实存在于某些组织的数字或印刷形式上。这些有价值的数据和信息来源包括社交媒体上的谈话、推特上的信息、网站分析、视频、照片、音频文件、谈话录音、邮件、存储文件等。

4. 哪种类型的"大数据"可以附加到 Campos 公司的数据上

Campos 公司的数据驱动过程的另外一个步骤就是添加工业、政府和商业银行等的数据。将覆盖外部次级资料到企业现有的内部数据中，可以帮助企业充分利用大数据的竞争框架，这样可以使其更好地了解客户和市场。"我们附加的最常见的数据包括人口普查的人口数据和趋势、劳动力发展统计和其他基础产业数据分类编码。"

4.4.5　Campos 公司的三百六十度环境分析法

在下一个大的举动或研究学习之前，深入了解已经为公司所知的东西是很有必要的，如品牌、理念、服务领域或市场等。但是在大多时候，很多公司开始进行专有的研究而不问问题，而且只有很少的组织有时间、资源或者分析技术去整理和分析这些信息并把它们从三百六十度的视角变成广泛的有行动力的故事。而借助 Campos 公司的三百六十度环境分析法就可以帮助客户从森林当中看到树木。

针对这个方法，同样可以借助 Campos 公司的四个问题来进行理解。

1. 什么是 Campos 公司的三百六十度环境分析法

在多数情况下，一个客户需求的大部分的信息和洞察力已经可用，问题是它不在同一个地方，并没有被集成到一个连贯的框架或报告当中。

Campos 公司的三百六十度环境分析法基于公开可用的信息和利用专业研究工具可以为客户的组织、品牌或想法提供市场背景分析。"我们的分析师积聚和综合所有可访问的数据、趋势、社会和最佳实践的数据，快速提供见解，让你在满足客户竞争需要的时候可以保持领先。"

2. 哪些数据可以用于 Campos 公司的三百六十度环境分析法中

可以用于 Campos 公司三百六十度环境分析法的数据来自于六个方面，这六个方面既各自独立，彼此之间又具有相互交叉的功能。

其中，第一个方面的数据是 competitive landscape，可以称为竞争风景线，这样的数据可以从主要竞争对手的网站上获取并且进行评估，信息的内容包括新闻发布、在线营销材料、年度报告、广告和社交媒体内容，以及行业协会的数据等。

第二个方面的数据是 communication audit，即沟通审计，这些数据是指"你已经说的关于你自己的情况而且这些信息将被发现在你的外部通信审计中"，信息内容包括网站资料、新闻稿、在线营销材料、广告和社交媒体内容，以及其他来源。

第三个方面的数据是 trend watching，即趋势观察，"曲折的情节会影响你的市场"，这样的数据来源包括增长动力，评论员认为今天的"最佳实践"可能会引发出金融咨询机构报道、智库的研究、同行评审期刊、政府人士透露的消息等。

第四个方面的数据是 social media monitoring，即社交媒体监测，利用一个先进的听力工具 Sysomos，可以把其他组织或产品的漏洞以及其顾客感知和情感开采出来，借助这个工具可以跟踪社交网络、博客、在线社区和超过 10 亿日常活跃用户的脸谱网公开的民意数据来源。

第五个方面的数据是 news media reports，即新闻媒体报道，深入分析你和你的竞争对手是如何被公众谈论的，它们是否出现在顶级公共和行业媒体当中。

第六个方面的数据是 consumption & behavior data，即消费和行为数据，这主要是指"你自己的客户他们的消费、收入和具体行为的信息"。

3. 为什么二级研究对目标很重要

关于这一点有很多的原因。首先，"你可以花很少的钱就能取得你所需要的大部分或所有的信息，而不需要进行代价昂贵的研究"；其次，"你可以避免你的尴尬，可以根据真实条件进行研究，不会出现误解"；最后，"你可以看起来很好并做一个更好的、更大的研究，借助事实主动在手"。

4. 什么时候使用二级研究而不是初级研究是有意义的

在许多情况下，二级研究是一个正确的选择，虽然你积累了大量的信息，但是它们还不够完整。你没有时间或人员合成它，也写不出一个可以在你的组织中的各级共享的叙事。"我们的综合思想工作人员可以在两个星期内打开全面的见解和建议。"二级研究也经常是正确的先决条件，以确保你不会重新发明"轮子"，它可以确保你的研究扎根在最新的市场和消费者的行为当中。

4.4.6　Campos 公司的定量研究法

如果企业的研究很容易或者问题很简单，会"自己动手"。而如果不是那样的话，则其可以借助 Campos 公司的定量研究法帮助客户通过分析寻找答案。"我们是值得信赖的具有挑战性和复杂问题的研究者。我们帮助你做基准或关键的研究，这可以改变你的品牌的方向。"

1. 什么是 Campos 定量研究法

Campos 公司认为，之所以把这个研究方法称做 Campos 公司的定量研究法是因为，"我们超越传统的定量研究，拥抱创新和令人兴奋的技术"，"是的，我们进行在线调查、民意调查和电话采访，同时我们也深入我们的客户的大数据进行市场细分研究，与创新的软件公司合作以获得快速的数据和开发预测模型产品，从而可以帮助我们的客户开发不同的细分市场和行业当中的新产品”。

2. Campos 公司可以提供什么样的定量研究

Campos 公司认为，其公司的团队成员是专业的研究者，是数据分析师，是战略专家，他们积累了大量的经验，建立了众多的基础分析模型，所以可以提供很多种定量研究，"我们专注于竞争激烈的环境，并为我们的客户提供有效的建议，帮助他们建立完整的信心"。这些研究包括广告测试、基准研究、品牌与知觉、竞争定位、概念测试、顾客满意度与忠诚度、客户决策过程、形象与意识、问题测试、营销有效性和分析、价格弹性测试、销售预测和市场潜力、测试营销等。

3. Campos 公司可以提供什么样的分析

Campos 公司认为，他们的自豪之处在于基于严格统计程序基础上的分析能力和执行更高层次分析的能力。"我们是专家，在正确的情况下应用正确的测试，以提供给我们客户需要的见解。"这些分析包括方差分析、聚类分析、联合分析、相关分析、客户细分、判别分析、因子分析、差距分析、市场占有率分析、市场潜力分析、最大差异分析、卡诺分析、知觉图分析、价格弹性分析、购买意向分析、回归分析、市场细分分析等。

4. Campos 公司可以为顾客提供什么类型的专业产品和服务

Campos 公司认为，他们可以为顾客提供三种类型的专业产品和服务，具体如下。

第一种专业产品和服务是 Campos MARKET-ED，它是被用来估计市场潜力和需求的过程，或在决定是否向前发展付出高昂代价的决定之前，在不同的价格点的正确目标之间的程序。"我们也为您提供在一个竞争的背景下，通过测量意识和感知声誉的竞争计划和竞争对手的机构，以及建议是否向前迈进，并以什么价格向前迈进。"

第二种专业产品和服务是 Campos QUICKPOLL，它可以在四天内为决策者提供可操作的数据和洞察力。不同于综合性的或闪速的民意调查，Campos QUICKPOLL 是由 Campos 公司的团队成员组织的经验丰富的民意调查，这些团队成员包括经验丰富的民意调查人员、研究人员和战略专家，"我们在竞争的范围内收集问题并分析结果，所有工作在四天内完成"。

第三种专业产品和服务是 Campos FASTPANEL，这是 Campos 公司专有的论坛名字，叫做"VO!CE of the Region"，即"区域的声音"，是一个宾夕法尼亚西南部地区 20 000 多个居民组建的在线社区。

"借助我们的论坛，你可以了解消费者对于你们产品、概念或品牌的喜好和意见，他们是中大西洋地区的市场代表。我们可以将你的问题、想法或概念浮在论坛上，可以快速获得实时反馈，非常经济而不需要昂贵的样本选择。"

4.4.7　Campos 公司的定性研究法

借助 Campos 公司的定性研究法可以帮助客户全面理解他们的顾客。Campos公司的定性研究团队专门帮助客户去捕捉顾客真实的和具体的想法、意见和经历。

"虽然数据和定量研究为行为提供了有价值的线索，但实际上与你的客户交谈的必要性也一直都存在着。你需要了解你的客户为什么要采取这样的行为方式，因为这种方式他们从来没有再选择更重要的方式。"

1. 什么是 Campos 定性研究法

Campos 公司认为，之所以把这个研究方法称做 Campos 公司的定性研究法是因为"我们超越了你通常期望的定性研究"，"我们有工作人员专门与版主们进行深入访谈。我们也采用尖端技术，结合趋势进行二级研究。我们会用行为经济学解释'如何'和'为什么'，以及背后人们的看法、意见、态度和信念。这些保证可以为你提供有见地的建议，它们可以影响你的底线"。

2. Campos 公司可以提供什么样的定性研究

Campos 公司认为，其公司的团队成员都是专家学者和战略分析师，他们有着多年无与伦比的经验和高水平的洞察力，他们可以揭示信息，探索动机和信仰，并获得任何类型的定性研究的见解。这些研究方法和研究的内容包括直接观察、民族志、家庭视频对话、传统焦点小组、数字/在线焦点小组、沉浸式和移动、第一次的相互作用、早期和中期的可用性、眼睛/面部跟踪、咨询小组、自定义洞察组、讲故事组等。

3. Campos 公司都有哪些领域的专家

Campos 公司已经运用其专业知识在许多国家和众多行业开展了业务，这些行业包括保健、教育、制造业、能源、酒店、非营利组织和零售业。

4.4.8 Campos 公司的客户经历分析法

Campos 公司的领导认为，为了成功地进行竞争，就必须充分地理解数据产品、服务和网站信息，从中可以看到顾客的期望和经历。借助 Campos 公司的客户经历分析法可以帮助客户探索用户体验。

1. 为什么要开始一个客户经历研究

客户经历分析法可以为一个公司提供可测量的见解和反馈，这可以成为其成功的基础。"我们相信创新用户体验的发展是一个基于研究的迭代过程，我们在开发过程的每一个阶段都会进行测试。"

2. 什么是 Campos 公司的客户经历分析法

Campos 公司的客户经历分析法是 Campos 公司创建的多阶段用户体验研究方法。有三个方面的特点确保了这个研究方法的独特性，它们分别如下。
第一，客户经历研究法是公正的第三方见解。
第二，客户经历研究法以行为经济学/决策科学为基础。
第三，客户经历研究法可以招募你的实际最终用户。

3. Campos 公司的客户经历分析法的工作过程

Campos 公司的客户经历分析法的工作过程可以分成三个部分：早期阶段是战略（early-stage：strategy），中间阶段是执行（mid-stage：execution），最后阶段是评估和测试（end-stage：assessment and testing）。在早期阶段捕捉广泛的反应态度，然后它会逐渐地向行为研究移动，在这个过程当中会记录客户的互动与经验。

4.4.9 Campos 公司的创新工具

如今，大多数组织的压力是"创新或死亡"，而 Campos 公司的创新工具是为了帮助客户从内部点燃创新而设计的。"保持你的业务稳定和增长所需的创新的速度从来没有更快过。财富 500 强公司的平均时间已经从 1958 年的 61 年下降到今天的 18 年。那对我们其他人说什么呢？我们将如何保持相关性？"

1. 为什么从内部创新

创新的理念来自许多地方。可是 Campos 公司相信,"结合你自己人员的想法,深入了解市场的驱动程序和一个既定的便利化过程可以在你的组织中引发真正的创新"。多数情况下,创新的种子已经在那里,埋在同一个人的深处,可是这个人完全从事着日复一日的工作。"这是我们的工作,找到那些隐藏的种子,并帮助他们成长。"

2. 什么是 Campos 公司的创新工具

Campos 公司的创新工具是一个基于客户市场深入研究之上的定义的过程,同步于 Campos 公司三百六十度环境分析法的分析过程,"然后使用确定的结构来领导你的内部团队,通过促进会议,这将定义在你的行业进行创新的可能性"。

3. Campos 公司的创新工具的工作过程

首先,"我们的过程通常开始于为你的内在的人提供外部刺激,帮助他们从不同的角度去看你的世界和他们的世界,通过第一个单独的,然后是集体的对于可能的任何刺激的响应,创新的过程就开始了","我们帮助他们尽可能广泛地投下网络,让他们在团队中工作,并鼓励他们扩展自己,思考什么是可能的今天和什么是更加美好的明天"。

其次,通过一个反复的过程,Campos 公司会帮助客户的团队进行排序,并组织所有的潜在的选项进行进一步的评估。"我们的过程通常结束于一个简短的清单,那是潜在的创新,由此可以进入到产品开发过程的下一个阶段。"

Campos 公司也支持组织通过评估发展提出新的概念、服务或产品,然后通过初步的定性研究启动创新的过程。"这个过程开始于消费者的体验,它可以连接你的创新概念或想法","我们使用各种方法探索和发现你的消费者的经验,从而让我们可以在社会和市场背景下,更加广泛地发现独特的观点"。

4.4.10　Campos 公司的决策地图

Campos 公司的决策地图可以帮助客户定义他们的顾客以及如何做出决策的方法。"在本质上,我们创造一种习惯或者一种行为,而不是创造一种思想。了解这些可预见的习惯和行为是如何影响你的客户与你的产品或品牌互动的方式是至关重要的。一旦了解,设计思维会帮助你战胜你的客户的偏见,或者至少不会让你成为它们的受害者。"

1. 为什么需要 Campos 公司的决策地图

传统的研究工具经常只会告诉我们更多的关于消费者将会如何行动的信息而不是他们真实行动的信息。在过去几十年里，行为经济学的开创性工作已经事实上积极证明了这一点，即"我们的客户往往认为只有自己的一种方式。但当放置在一个实际的消费情况下时，他们的行为却背离了他们所说的内容"。

2. 为什么理解行为经济学在营销中如此重要

有时被放置在周围的情况下，客户认为一个方法但在回应实际结构时却是另外一个。太多的选择或定位于一个选择都被认为是一个损失而不是一个增益。这些类型的结构实际上是可以被控制的从而可以引出所需的选择。有时，这是一系列心理捷径的结果，你的客户需要避免更复杂的思想，或基于如何选择的情绪反应。无论哪种方式，它都可能解构这个决策过程并准确地预测可能的反应。

3. Campos 公司决策地图的作用

Campos 公司的成员对行为科学尤其是行为经济学充满了激情。"在每一个项目的过程中，我们积极寻求识别行为经济学的原则，它使我们可以正确地告诉我们的客户不只是结果说什么，依据行为经济学还可以预测将实际发生什么。Campos 公司的战略专家和学者利用行为科学的思想，基于一个项目的概念，通过仪器的设计和数据采集，最后通过分析并提出建议。"我们可以帮助你建立一个新的决策模型，利用已知的偏见和捷径，而不是让你成为他们的受害者。"

第5章 路桥资本公司的企业文化与商业模式

路桥资本公司成立于1990年，它是这样的一家公司，即"我们帮助初创企业家成功，我们帮助小型企业建立，我们帮助非盈利性组织追求增长的机会。我们的产品和项目为他们提供资金和成功所需要的各种能力"。公司名字"Bridgeway Capital"的由来就是，"At Bridgeway Capital, we are literally 'bridging the way' from entrepreneurial ideas to actual business growth and economic impact"，用中文来表达它的意思就是，公司愿意"铺路架桥"，以帮助那些有想法的创业者把他们创业的思想变成实际成长的公司业务，并对地方经济的发展产生积极的影响。基于这个解读，也可以把这家公司称为"路桥资本公司"，以便于中国企业家也可以更好地记住它和称呼它。

在我们所访谈的美国中小企业当中，路桥资本公司的企业文化体系建设是比较完整的，其相关于企业文化内容的论述也很丰富，而且"企业使命"和"企业愿景"的界定非常具有特点，独树一帜，所以本章将研究的重点定位于路桥资本公司的企业文化与发展理念，此外还会兼顾分析公司发展的主要业务和商业模式。

任何公司的存在都是以营利为目的的，通俗来讲就是想赚钱，不想赚钱的公司也有，但那样的公司往往都是非营利性组织。在以营利为目的公司当中很多企业的目的就是想赚钱，这样的公司也能够赚到钱或者会发展得很成功，但是却很难称得上伟大。因为它的出发点是利己的，在第4章已经分析过关于"利人与利己"和"利他与利我"的思想，是以在此不再重复。在此要说的是，如果一个公司既能赚到钱而且还让人感觉高尚的公司是不是很伟大呢？路桥资本公司给我们的感觉是，它就是这样一个公司，所以我们对它的评价是——这是一个能赚钱的高尚公司，或者说这是一个高尚的会赚钱的企业。之所以会有这样的感觉是因为我们研究了路桥资本公司的企业文化和商业模式，如果您读完这一章关于路桥资本公司商业模式和企业文化的分析以后也会有这样的感觉而且恰恰您的身份又正好是企业家的话，那我们就祝贺您，因为在这里您可以找到成就伟大企业和成为伟大企业家的一种思路。

继续读下去，或许您就明白了。

针对本章，作者的安排如下：5.1 节介绍路桥资本公司的由来和企业发展的历史，从中可以看出路桥资本公司的基础性发展理念和明确的企业发展定位。5.2 节介绍路桥资本公司与众不同的"企业使命"和为了达成这个使命而设计的"企业愿景"，以及公司致力于和投资者、合作伙伴与顾客共同发展、共同成长的理念。5.3 节介绍路桥资本公司除了企业使命和企业愿景以外的其他企业文化内容，以及公司 CEO 对绩效管理是如何影响企业文化的看法与观点。5.4 节介绍路桥资本公司的三大发展战略，它们分别是加强金融扶持、通过创业教育培养和培育企业家、通过全方位的沟通建立起强大的资源网络以不断增强企业的影响力。5.5 节对应 5.4 节所提出的三大发展战略分析路桥资本公司的三大主要业务，以及这些业务的细分门类和发展目标。

5.1　路桥资本公司的由来与发展

路桥资本公司是本书中访谈的第 5 家企业，正如第 4 章所提到过的，与公司 CEO Mark Peterson 的面谈是在 2016 年 6 月 22 日下午 2 点进行的，在那一刻，中国已经进入了 2016 年 6 月 23 日的凌晨 2 点，正是我们远在中国的朋友们呼呼大睡的美好时光，而我们却遭受了"Hot"和"Cold"也就是热和冷的双重考验。为什么这么说呢？那是因为匹兹堡进入 6 月以后就是真正意义上的夏天了，白天经常 30℃还多，所以让我们这些久居海边城市的人感觉特别地火热；而美国人似乎比我们还怕热，在所有的楼房也就是 Hall 里（他们一般不使用 Building 称呼大楼，而喜欢用 Hall 这个单词）空调都开得足足得，让人感觉特别的冷。每天我们在匹兹堡大学的书馆里写作时都要带上长衣长裤，即使待上一天以后依然还是感觉有点冷，但是一到外面马上又会变得很热。

6 月 22 日午后 2 点，我们进入了路桥资本公司位于 downtown 也就是我们习惯上称之为市区的办公大楼，在 18 楼（共 26 层楼）我们见到了 Mark Peterson，出于礼貌我们称他为 Peterson 先生，可他坚持让我们叫他 Mark（马克）。事实上公司的所有员工都这么称呼他，无论男女，也无论老少。在美国生活了近一年的时间，我们已经习惯了这种称呼，所以也就叫他 Mark 了，尽管或许应该加上个叔叔更好，他那满头的白发告诉我们他的年龄应该就是 Mark Uncle 了，一个令人尊敬的 Uncle CEO（图 5-1）。此外，我们或许还可以称他为大块头 Mark，他的 2 米身高与前面的美食公园餐饮公司的 CEO Jeff 相当，但是体重看上去却是 Jeff 的两倍。

图 5-1　李文明和 Mark Peterson 先生

在我们与 Mark 的交流过程当中，他说道，"我们总是在寻找新的机会，并且定期分析和评价市场的发展，最终目标就是要学习如何最能支持宾夕法尼亚州西部发展的需求"。根据 Mark 的这句话我们就可以看出，这是一家在宾夕法尼亚州成长起来的主要为当地经济发展服务的地方性公司。

事实上也确是如此，路桥资本公司的成立是基于这样一个背景，在 19 世纪

70 年代宾夕法尼亚州赖以成名的钢铁工业崩溃了，单匹兹堡地区在一夜之间就有 158 000 个制造业工人失业，而匹兹堡市现在的常住人口也不过只有 30 万而已。1970~1990 年，许多年轻的工人到市场上去寻找其他的就业机会。路桥资本公司就是在那个时候成立的，它最初的定位是一家住房和社会服务的银行，公司成立的目的是为了应对钢铁行业崩溃以后的破坏性影响。作为公司的创始人，Mark 知道，容易得到的资本可以为经济的发展带来活力，可以为很多人提供就业的机会，并最终能够促进这个地区的繁荣，所以他就建立了这家公司，并成功经营了 26 年。

在 1990 年刚刚成立的时候，路桥资本公司不叫现在的名字，而是被称做"宾夕法尼亚州西南地区社区借贷基金"，英文简写就是"CL Fund"。在 2008 年，路桥资本公司为了更好地反映出企业的使命就把名字改为"Bridgeway Capital"，现在是 CDFI 的全称是"Community Development Financial Institution"，也就是"社区发展金融理事会"（这是需要经过美国财政部批准才能加入的重点扶持地区经济发展的组织）的成员；除此之外，路桥资本公司还是一个名为"金融机会网络"组织的成员之一。

关于 CDFI 我们可以做一点详细的介绍，从中也可以看出作为成员之一的路桥资本公司的某些经营诉求和发展追求。

CDFI 是一个特殊的金融协会，专门从事传统金融组织不愿意关注的待发展地区的经济扶持工作，其工作重点就是为经济不景气的目标市场提供独特的金融产品和服务，如技术援助；为低收入地区的小型企业或成长中的企业提供商业贷款和投资；为低收入家庭和首次购房者和不以营利为目的的开发商提供抵押融资；对于社区发展所需要的设施承保并提供风险资本。CDFI 的成员既包括常规的金融机构，如社区发展银行和信用社；也包括非常规的金融机构，如贷款和风险资本基金等。

从 1990 年以来，与 CDFI 的宗旨非常吻合的路桥资本公司的主要业务集中在如下几个方面：向小企业及其他组织提供灵活的融资和教育机会；专注于通过为小型企业成长提供工具，将企业家的创业理念转变成实际成长的公司业务，并对经济发展产生积极的影响；与各种行业的企业密切进行合作；为宾夕法尼亚州西部的 15 个县提供服务；努力点燃经济增长的引擎以帮助宾夕法尼亚州的西部成为一个蓬勃发展的地区。

根据 Mark 的介绍，路桥资本公司之所以把重点业务放在这样几个方面是基于如下考虑，即企业家是区域经济增长至关重要的影响因素，因为是他们创造了就业的机会和改善了社区的社会经济状况，如果没有企业家成长的环境，如果不为企业家的创业提供机会，那么这将对地区经济的发展和社会的进步带来极大的负面影响。过去，我们对企业家的理解是其是资本家，而资本家是什么人呢？他们都是剥削者，连他们的钱都是肮脏的。可是现在看来，企业家天生就是企业家吗？企业家天生就有钱吗？不是的，企业家天生不是企业家。首先，他们只是普通的人；其次，他们又是创业者，而且在他们创业的时候最缺的就是钱，等到他们挣钱的时候其实也是他们为社会做贡献的时候，所以他们的钱并不是肮脏的，而是可以促进社会再发展的资本。

没有钱就不能创业，没有创业的企业家就没有快速发展的地方经济，没有快速发展的企业就不能创造大量的就业机会，而没有就业，人们的生活就没有经济来源，而且整个社会都将缺少创新的气氛，经济的繁荣与社会的进步也将变得遥不可及。所以，作为"社区发展金融理理会"也就是 CDFI 的成员，路桥资本公司认为，如果资金和商业教育不足将会影响经济和社会的全面发展，也会影响企业家的创业和经营。可是从传统意义上说，小企业、社区服务组织和其他企业事实上又难以进入常规的信贷市场，大银行不喜欢关注他们。"而如果能够向创业者发放贷款，将会有助于促进小企业的成长并且推动就业，那就会对我们的经济产生积极的影响；而向社区服务组织提供贷款，又可以增强和维持他们为我们生活和工作的社区提供重要的社会服务的能力，这将会对我们的生活质量产生积极的影响。所以，我们相信这是一个全面的解决方案，是可以振兴和发展我们地区的一部分。"

回顾公司二十六年的发展，Mark 认为，"纵观我们的历史，我们已经组合应用创业远见、社区知识和业务专长来加强、帮助和重塑了当地社区的就业"。

以下就是路桥资本公司发展历史上的重要节点。

1990 年：宾夕法尼亚州西南地区社区借贷基金成立。

1991~1992 年：宾夕法尼亚州西南地区社区借贷基金以 2 500 美元的资产放出了四笔贷款。

1994 年：因为市场发展的需要，宾夕法尼亚州西南地区社区借贷基金开始重点关注小企业的增长，并逐渐脱离了原先看重的住房服务领域。

1996 年：因为能够帮助社区发展融到宝贵的资金，像宾夕法尼亚州西南地区社区借贷基金这样的企业组织开始得到联邦层面上的支持，美国财政部创建了"社区发展金融理事会"（Community Development Financial Institutions Fund，CDFI），宾夕法尼亚州西南地区社区借贷基金很快就被吸纳为成员。

2003 年：宾夕法尼亚州西南地区社区借贷基金加入了由美国小企业管理局（Small Business Administration，SBA）认证的向发展公司贷款的"504 贷款"项目，作为 SBA 的中介，宾夕法尼亚州西南地区社区借贷基金开始大量提供 SBA 小额贷款。

2004~2008 年：这是宾夕法尼亚州西南地区社区借贷基金的高成长期。一个更大的市场需求和使命意识帮助宾夕法尼亚州西南地区社区借贷基金在短短四年里就使管理的资产翻了一番。

2008 年：宾夕法尼亚州西南地区社区借贷基金更名为路桥资本公司，这样的名字可以更好地反映企业的使命和企业的业务；此外，路桥资本公司还为企业家开发了一个商业潜力教育的项目，以最大化地开发他们能够取得商业成功的能力和潜力。而这一年，由于金融危机，美国的国民经济崩溃开始。

2009 年：为了应对经济衰退各大银行都收紧了信贷，而路桥资本公司灵活的融资政策在此时却比以往任何时候都更受到欢迎。路桥资本公司此时已经放贷 83 笔，共计 740 万美元；并且给企业家放贷 43 笔，共计 150 万美元。其中，有 52% 的企业为妇女所拥有，73% 的资金贷给了低收入的人群。

2010 年：这一年是路桥资本公司成立的二十周年。此时美国的国民经济开始反弹，"社区发展金融理理会"借助于各种媒体开始闻名全国，考夫曼基金会的人开始研究在经济衰退期间企业家创造更多就业机会和发展更多业务的原因。公司 CEO Mark 因此赢得了 SBA 国家金融服务奖的冠军，路桥资本公司也因此赢得了创业优秀奖的荣誉。

2015 年：这一年是路桥资本公司成立的二十五周年。在这一年中，路桥资本公司所在的地区正在经历全面的经济增长，却比以往任何时候都更加需要路桥资本公司，公司努力的目标是要确保被忽视的地区也能够得到快速的经济发展和社会进步。为此，路桥资本公司推出了组合机会融资项目以支持社区意义上的房地产开发，并提供健康的食品融资，以在该地区的粮食沙漠中增加获得新鲜农产品的机会。此外，企业位于 Susquehanna Street（一条街道的名字）7800 号的项目吸引了大量的创意企业家、小生产者和劳动力发展机构进入该地区。

以上就是路桥资本公司的由来和发展历史，据此可以看出路桥资本公司的发展理念和企业经营特点，还可以从中初步看出公司的主要经营业务及其商业运作的主要发展模式，相关于后者的内容在后面章节还会专门进行分析。

5.2　路桥资本公司的企业使命与企业愿景

5.2.1　路桥资本公司的企业使命

公司的创始人和领导者 Mark 为路桥资本公司提出的企业使命是这样的，"我们努力使宾夕法尼亚州西部成为一个繁荣的地区，让它的经济发展更快，社区更加富有活力。为此，路桥资本公司致力于帮助那些还不够富裕的人群提升资本和教育，帮助他们点燃商业和工作增长的引擎，支持企业家扩大他们服务的范围，并能够不断地加强我们所在地区的力量"。

　　分析路桥资本公司的企业使命可以发现,这种界定方式和内容说明更接近于我们平常所理解的使命的涵义,它的论述不仅仅要强调公司在做什么和要做什么,而且还强调了企业要肩负的和将肩负的责任与义务,这是我们所见到的能够把地方经济发展和社会进步视为已任的为数不多的企业之一。此外,在公司的企业使命描述当中,也为自己的经营范围和服务的对象做出了明确的规定,那就是要全心全意地为宾夕法尼亚州"西部"的人群效力。宾夕法尼亚州西部也就是公司总部所在的城市匹兹堡所处的区域,匹兹堡地区在历史上是美国乃至全世界都非常知名的钢铁之城,钢铁大王卡内基就生活在这里,他的产业帝国曾经占据了半个匹兹堡城,还在这里建立了著名的大学——卡内基梅隆大学,就在匹兹堡大学的旁边。从匹兹堡市再往西走不远就出了宾夕法尼亚州,从而进入俄亥俄州和西弗吉尼亚州,也正是因为这三个州是比邻的,所以前文第 2 章所分析的美食公园餐饮公司才把其业务扩展到了这三个地区。在宾夕法尼亚州还有一个著名的城市那就是费城,这是美国独立宣言的诞生地,它位于宾夕法尼亚州的东部,东面比邻纽约,东南面比邻华盛顿,由费城的地理位置就可以看出宾夕法尼亚州的东部是经济比较繁华的地区,与西部形成了对比。除了地理位置因素的影响以外,再加上前面所说的在 19 世纪 70 年代钢铁行业在这一地区几乎崩溃的事实,所以使宾夕法尼亚州的西部和东部发展非常不平衡,这也是路桥资本公司明确提出要努力使宾夕法尼亚州西部成为一个繁荣地区的主要原因。

　　当然,像这样在企业使命当中十分具体地界定公司活动范围的现代企业并不多见,由此也可以看出路桥资本公司的领导人和成员对自己所在地区的热爱。

　　事实上,在与 Mark 的交流过程当中,可以感受得到他对路桥资本公司的企业使命的坚持和喜欢,用他的话讲就是"我们做了政府应该做但却没有做的事情,也做了那些大银行可以做却不肯做的事情","我们以公司的使命为核心组建团队,服务于地方经济的发展,如果员工不认可这个使命,或者说在工作过程当中不愿意坚守这个使命,那么他必须走人"。说完这句话以后,Mark 还特别为我们举了几个例子,他说曾经有几个企业的高级经理都是从美国的大银行出来的,他们加入路桥资本公司以后,把他们在那些大银行的作风和认识也带入了公司,"这可不行,我很快让他们走人了",Mark 很认真地说道,"不认可我们的使命就是不认可我们所做的事情,不认可我们所做的事情还怎么一起做事情"。听得出来,他对于美国很多大银行不肯贷款给中小企业并且不愿意采取措施以支持中小企业全面发展的作风和做法非常不满意,认为"那帮家伙没有尽到企业的社会责任"。

　　可是,什么样的区域才是繁荣的区域,才是充满活力的地区呢? 又是什么样的条件可以保证这个区域的经济能够持续获得发展呢? 在 Mark 看来,一个充满活力的区域经济意味着三个方面的内容或特点:①可以提供有意义的就业机会;

②能够通过素质教育建立可持续发展的知识和技能；③可以为其社区内的所有成员提供重要的服务。也正是基于这样的考虑，所以路桥资本公司有了以上企业使命的描述。

基于公司的企业使命指导，路桥资本公司承诺对可以促进经济有效增长，能够带动创新和刺激经济全面发展的人员和项目提供非营利性的借贷。"我们的工作就是为小企业和其他组织提供他们发展所急需的资金。""路桥资本公司就是要致力于把借贷和企业家的商业教育机会连接起来"，"我们虽然是一个以市场为导向的私人经营的金融中介机构，但是我们却非常重视社会使命，我们要努力使小数额的资源可以走很长的路去发挥最大的作用"，"我们在主流金融之外提供可以得到和使用资金的机会，我们争取能够以这种方式在宾夕法尼亚州西部发挥最大的影响"。

如果中国的小微企业在自己的家乡也能够看到一个有着如此企业使命的金融公司一定会感觉非常快乐。众多的金融大佬和那些饱富才学的金融学家如果也能够把他们的注意力放在这样一个社会使命界定上，则中小企业、小微企业的融资难、融资贵、融资无门问题也就会迎刃而解了。

5.2.2　路桥资本公司的企业愿景

路桥资本公司的"企业愿景"看上去也很伟大，它是这样界定的，"通过为发展和创新提供资本，为企业家的成长提供受教育的机会，路桥资本公司致力于创造商业的繁荣和工作机会的成长，通过各个方面的努力为地区带来新的财富，并且保留关键的社会服务以促进区域经济的可持续发展。在经济增长的过程中必须为社会所有成员创造机会，这其中自然也包括种族、少数民族和妇女的机会，要让他们充分参与到一个繁荣的经济成长过程当中而且要全面分享这种成长所带来的一切好处"。

为了实现公司的企业愿景，路桥资本公司是这样界定他们与投资者、合作伙伴以及顾客之间关系的，其中与投资者的关系是"我们通过提供工作资金和接受教育的机会共同点燃宾夕法尼亚州西部地区经济增长的引擎"；公司与合作伙伴的关系是"我们与银行、信用机构和其他金融组织合作共同为各种各样的商业企业和非盈利企业提供金融服务"；公司与顾客的关系是"我们支持企业家把他们的信念变为成功的小型企业"。

当然，为了实现公司的"企业愿景"的同时也作为一家经营性的企业，路桥资本公司对顾客也是有所选择的，"路桥资本公司要合作的企业和非营利组织首先要属于宾夕法尼亚州西部，其次要有一个强有力的、积极的经济和社会增长点，即他们可以激励成长，发动良性竞争，创造就业机会，并能够促进社区的全面发展"。

5.3　路桥资本公司的企业文化与绩效管理

5.3.1　路桥资本公司的其他企业文化内容

依据 Mark 的介绍，再加上我们的理解，路桥资本公司的所有企业文化内容都是围绕公司的企业使命建立的。

在谈到公司的"团队文化"时，他说道，"我们围绕企业使命建构公司团队，基于企业使命选择团队成员，并为新加入团队的成员提供教练以帮助他们尽快理解公司的企业使命，并让他们知道这是一个伟大的使命，基于这个伟大使命所有的团队成员都应该也可以成为最有效的合作伙伴"。

在谈到公司的"战略文化"时，Mark 说道，"我们公司的战略只有一个，那就是在公司的企业使命引领下继续成长（Continue to grow guided by our mission）"，"公司的战略目标和战略路径为什么可以如此地清楚呢，那是因为我们有一个伟大的企业使命"。"我个人的战略有两个，一个是帮助公司在企业使命的引领下继续成长，另外一个就是培养可以继续坚持我们企业使命的下一代CEO，这件事情我早已经在做，而且已经培养得差不多了，等他上手以后我就可以放心地退休了。"

在谈到公司的"领导文化"时，Mark 说，"一个企业要吸引人才，只提供最好的待遇是不够持久的，除非企业一直发展得很好。而用这种方法吸引的人才，在公司发展过程当中稍有挫折时他们就会很快消失得无影无踪"。"一个企业真正吸引人才的地方有很多，而于这种众多的方法当中建构领导者的影响力非常重要，有时，Like this entrepreneur then like this company; love this CEO then love this company，也就是说因为喜欢这个企业家所以就喜欢这个公司，因为热爱这个公司 CEO 所以就热爱这个企业，就是一种很好的、很稳定的吸引人才的方法。而这样招人喜欢和热爱的企业家与 CEO 一定有一个明确的信仰，有一个可以带领全体人员都能够坚守的企业使命。"

5.3.2　路桥资本公司的绩效管理是如何影响企业文化的

《企业文化与绩效管理及其互动影响研究》一书建构了一个包括四个层次内

容的"4S"的企业文化体系和七个阶段的"7P"绩效管理框架，并全面解读了企业文化与绩效管理之间相互影响的机理和机制。但是在该书的研究过程当中，我们几乎很难找到有价值的关于绩效管理是如何影响企业文化的学术文献，学者几乎一边倒地在研究企业文化对绩效管理的影响，而很少关注绩效管理对企业文化的促进。所以在访谈企业家时，我们非常想与他们探讨这个方面的话题，而 Mark 对这个问题的理解让我们非常受益，基于他的观点再加上我们的理解可以梳理为如下几点。

（1）什么是企业文化，企业文化就是工作过程当中产生的思想和理念，如果没有工作，而且是不追求绩效的工作，不知道如何按照绩效管理的要求开展工作，也就不可能形成真正的企业文化体系，也产生不了系统的企业文化内容。

（2）企业文化必须是管用的思想和理念，一个思想，一个理念，你是怎么知道它们有用的还是没用的呢？那就只能拿到实际的工作过程当中观察，经过观察，对个人绩效有用的思想就是好的思想，对组织绩效有用的理念就是好的理念，汇集这些有用的思想和理念去指导公司全体成员的工作就会形成一个企业的企业文化体系，它们就是这个公司的企业文化内容。

（3）如何帮助新进的成员理解公司的企业文化呢，用嘴教是没用的，说太多也不一定有用，让他去做就好了，在做的过程当中告诉他规则，告诉他如何去想，并且让他明白如何做才能即使个人获利，又可以让团队以及企业组织受益。"他于工作过程当中学到的一点比你教空口白牙地教他十点还管用"，"It is better that during the course of cooperation to know the culture of cooperation; It is better that during the course of study to know the culture of study of an organization"，这句话的意思就是，"最好的掌握合作文化的方法就是在合作的过程当中去掌握；最好的理解一个组织重视学习文化的方法就是在学习的过程当中去感受"。强调合作的文化但是从不注重合作的过程，重视学习的文化却从不组织员工学习，这样的企业能够打造出领导者想要的企业文化吗？

（4）企业文化与绩效管理应该保持一种平衡的关系，这就不能像跷跷板一样，一边下去了，另一边就上去了；而应该像火车路基的两条铁轨一样，平行发力，共同合作，这样才可以支撑起"企业"这辆火车平稳且快速地奔驰。

5.4　路桥资本公司的企业发展战略

为了全面关注地区经济的发展，路桥资本公司将自己的发展重点定位在三个方面的战略，它们分别是加强金融、创业教育、提高影响。这样短短的十二个字在没有任何解读的情况下很难让人一下子明白路桥资本公司的战略到底是什么意思。为此，我们对这十二个字的战略做了进一步的扩展，即加强针对小企业和非营利组织的金融扶持；通过创业教育培养和培育企业家并帮助他们获得经营与管理企业所必备的知识和能力；通过全方位的沟通建立起强大的资源网络以帮助所服务的企业可以持续地发挥它们促进地方经济发展和社会进步的影响力。

在与 Mark 的交流过程当中，他向我们介绍路桥资本公司之所以会有这样的三个战略是因为它是基于一个创业发展的过程链条（developing chain）而设计的，在这个链条的开端是创业者或非营利组织首先有了一个创新的项目或者发展的创意，然后经过论证以后具备可行性就会找到路桥资本公司寻求帮助，如果路桥资本公司也感觉这个项目或是这个创意是可行的话，他们便会全力介入而且会自始至终地为其提供全面的服务，这些服务包括：提供资金做前期的研究和论证，提供融资帮助企业成立，提供资金帮助企业发展，为企业家提供管理咨询、创业导师、技术顾问，并整合资源让创业者们有更多的机会学习并且可以相互之间进行充分的交流和沟通。

根据我们的理解，"帮助小企业家们成功然后自己企业成功并且带动整个地区成功地发展"应该是这三个战略的共同目标。用 Mark 的话讲就是，"我们一开始并不在意能否从他们身上赚到或是赚不到钱，我们只在意他们能不能成功，而且我们也知道只要他们成功了，我们一定能够赚到钱，所以工作的重点不是赚钱而是扶持他们发展，他们发展了赚钱是自然而然的事情"。

5.4.1　加强金融扶持

"加强金融扶持"既是路桥资本公司的发展使命，也是路桥资本公司的未来愿景，所以它理应成为这家企业的第一发展战略。

"我们影响地区经济发展的主要工具就是为企业提供融资，以此去帮助企业家们建立企业，并帮助小企业不断地成长以创造更多的就业机会。通过贷款来满足资金需求和与传统的融资机构以及公共资金来源的合作，我们可以从多个方面帮助我们的借款人得到重要的发展资本。因此路桥资本公司的关键战略就是加强我们的金融影响以不断提高贷款的数量。"

针对这一战略，路桥资本公司的要求是，"我们努力增加贷款的数量和金额，筹集更多的资金，并保持信贷质量和严格的承保标准"。

为了实现这一战略，路桥资本公司应该做什么和怎么做将在后文进行深入的分析。

5.4.2　通过创业教育培养和培育企业家

"通过创业教育培养和培育企业家"是路桥资本公司的第二大发展战略。也就是说，路桥资本公司除了灵活的融资战略以外，还致力于为企业家和创业者们提供受教育的机会，以帮助挖掘所有小企业成功的潜力。这个思想转换成中国式的思维就是，"既要授之以鱼，还要授之以渔"。

事实上，CDFI 的所有成员都要求为借款人提供培训和技术支持以降低风险，作为这一组织的重要成员，路桥资本公司当然会坚定不移地做好这项工作，而且还把它定位为企业发展的第二大战略，"我们希望培训可以引导我们成功的借款人从传统融资当中毕业，同时为新的贷款释放我们的资源"。

为了实现公司的这一既定战略，路桥资本公司加强了与教育机构 SBDCs 以及各种咨询机构的合作，SBDCs 就是 Small Business Development Centers 的简称，翻译成中文就是"小企业发展中心"，它类似于我们国内的中小企业局或者中小企业发展扶持中心。除此之外，路桥资本公司还扩大了针对借款人的直接咨询工作，并且强化了与路桥资本公司进行合作的创业企业计划有效性的评估。

具体实施这一战略的办法体现为公司的第二大主要业务，对此将在后文进行专门的介绍。

5.4.3　通过全方位的沟通建立起强大的资源网络

路桥资本公司的第三大发展战略是一个很有意思的构想，就是通过全方位的沟通建立起强大的资源网络，通过加强交流与沟通以不断地提升经验和认识，从而可以更加有利于企业家与创业者们的成长。

"有目的地沟通会让我们有更大的机会发展新的合作伙伴，筹集更多的资金，增加交易的数量，而所有这一切最终将会扩大路桥资本公司的经济影响。因此，我们要坚持沟通，通过合作伙伴扩大我们的转介网络，并定期分享成功的故事和影响措施。"

事实上，路桥资本公司的第三大发展战略所要营造的影响力可以分为两个方面，第一个方面是公司自身的影响力，只有自己有了强大的影响力以后才能帮助别人培育和形成影响力。第二个方面是在路桥资本公司的帮助下去扶持所服务公司的影响力，只有这些公司有了巨大的影响力以后他们的发展才算成功，他们对于地方经济的发展和社会的全面进步才能做出更多和更大的贡献，而这才是路桥资本公司所追求的终极目标。

5.5　路桥资本公司的主要业务和商业模式

与公司的三大发展战略相对应,路桥资本公司也为自己设计了三大主要业务,在这三个主要业务当中排在第一位的当然还是金融扶持,在这里我们会比较详细地介绍路桥资本公司金融扶持的六大门类及其具体的要求;排在第二位的是创业教育和资源整合,路桥资本公司不仅为自己的贷款者提供商业教育培训,而且还允许其他的小企业主与企业家使用其教育资源,这是一种真正造福于地方的开放式态度;排在第三位的是通过全方位的沟通建立起强大的资源网络并不断地加强所服务公司的影响力。

将具体的经营业务与公司的主要战略进行分门别类地对接,这样既方便企业上下理解公司战略的意图,而且还会帮助企业员工们在具体工作开展过程当中深入地理解每一天的工作所为何来,这样的设计很有实用价值也非常值得学习。

5.5.1　金融扶持业务及其主要门类

正如前文所说,路桥资本公司基于小企业在经济上对所在地区至关重要的作用,以及可用资本对于小企业成长的积极影响,所以主张对其进行大力的支持,从而使其成为公司金融扶持的主要对象。从 1990 年以来,路桥资本公司通过为宾夕法尼亚州西部十五个县提供贷款帮助众多这样的小企业走上了成功之路。

路桥资本公司针对小企业的贷款可以分为两个主要阶段进行,一个是在其创业阶段,另外一个是在其成长阶段。创业者贷款通常是贷给最适合于创业的企业,这也是路桥资本公司寻找资源需要做出的第一个动作。增长性贷款大多是贷给业务规模较大的企业,这样可以帮助其达到更高水平的成功。"无论是创业者贷款还是成长贷款,我们都希望你的小企业的成功能够带动这个地区经济上的活力,可以在这个地区创造工作机会,采购设备,开发房地产,或进行其他形式的业务拓展。"关于这一点可以视作小企业们能否从路桥资本公司成功借贷的一个要求,只要满足这个要求,路桥资本公司在提供金融支持的时候会遵从机会均等的原则,"所有信贷决策、供应商选择和其他商业决策都应在机会均等的基础上进行,而不会考虑种族、肤色、宗教、性别、婚姻状况、残疾、国籍或年龄等情况的影响"。

此外路桥资本公司的管理者还认为,除了那些充满活力的小企业以外,还有其他一些非营利性组织也能够通过其社会影响力为地方社会的发展和人们生活质量的提高做出贡献,也要对它们进行大力的支持和帮助。"因为有了这个想法,所以我们也提供非营利性贷款。"公司管理者知道，他们之所以这样做完全是在"企业使命"指导下进行的，而且公司也只有这样做才能更好地和更快地实现自己的"企业愿景"。

经过以上分析可知，路桥资本公司所选择的主要业务就是为小企业和其他一些非营利性组织提供灵活的替代性融资。为了更好地开展这项业务，路桥资本公司还会与信贷合作伙伴，如银行和信用社等进行合作，以尽最大可能地帮助小型企业获得它们成功所需要的足够资金。

经过整合充足的资金，路桥资本公司一共可以为小型企业与非营利性组织提供六种形式的贷款。

1. 创业贷款

路桥资本公司第一种形式的贷款是公司最为看重的贷款形式，那就是"创业贷款"，即"路桥资本公司致力于为经济增长提供动力并认识到小企业是竞争经济当中一个蓬勃发展的活力源泉，但是小企业需要得到持续性的支持，所以我们要为他们提供能够让创业真正起步的必备资金"，"我们这样做的目的不只是为了开展我们的业务，而是要帮助他们追求早期成长的机会"。

路桥资本公司所提供的创业贷款虽然没有太高的门槛，但也不是盲目地随意发放，它要求受贷对象有健全的业务理念，有可以开展工作的商业计划，并且创业者对建立企业或扩大企业的经营充满了期望和热情。"无论你是想用一个砖头垫脚，还是想要借助这个垫脚的砖头谋取重要的地位；无论你是想要购买一个即将到来的合同用品，还是希望雇用更多的员工以满足日益增长的需求，这些贷款产品都可以帮助您的企业取得预想当中的成功。"此外，为了确保小企业以及创业者能够取得真正的成功，路桥资本公司还从美国小企业管理局争取资金以帮助创业者接受良好的商业教育。

正如前面所说，"创业贷款"的用途一方面是帮助创业者成立企业，另一方面是帮助初具规模的企业更好地展，为此路桥资本公司针对贷款数额有两种规定，其中小额贷款每笔资金是 50 000 美元，约合人民币是 39 万元，企业家贷款每笔资金是 100 000 美元，约合人民币是 78 万元，贷款的期限最长可以达到 6 年。此外，配套的商业教育基本上是免费的，培训的内容包括市场营销、会计和战略规划等。

2. 成长性贷款

路桥资本公司第二种形式的贷款是"成长性贷款"，它用来帮助在各个行业不断成长的企业能够扩大它们的经营业务。成长性的公司可以用这些贷款购置固定资产，也可以把它们作为流动资金。"我们专门推出成长性贷款以满足公司的需求和预计的现金流，同时为客户提供灵活的还款方式和还款期限。我们还可以与银行和其他贷款人合作，以提供合作贷款或安排次级贷款。"

路桥资本公司的"成长性贷款"采用固定利率，最长还款期限可以为十年，并且具有次级留置权。

3. 健康食品融资

路桥资本公司第三种形式的贷款是"健康食品融资"，根据研究表明，顾客希望获得更多的营养选择，所以路桥资本公司要选择一批有助于满足如此需求的企业和商店进入这个能够提供新鲜水果和蔬菜的发展领域。"我们有资源和专业知识去支持这个项目并培养这个方面的企业家以为社区提供更健康的食品。"

具体扶持的项目范围包括扩大健康食品库存、改造销售健康食品的布局、提升库存健康食品的设备、升级促进健康食品的显示器，以及学习如何更好地管理健康食品。

4. 新兴机会融资

路桥资本公司第四种形式的贷款叫做"新兴机会融资"，该资金虽然主要用于支持房地产的发展，但是其实质性的目的还是要提高周围人群的生活质量。公司的领导者们知道，那些投入房地产开发领域的资金会产生一个额外的结果，那就是它可以成为一个额外投资的"磁铁"，在房地产的规划、建设和维护过程当中将为地方社区的发展和就业带来一系列的经济利益。路桥资本公司为此提供融资方案，帮助众多企业可以获得安全的初始资金，以完成高质量的社区发展项目。

事实上路桥资本公司的这一战略取得了预期的效果，这样的融资既可以辅助小企业的发展，又能够帮助改善长期投资不足地区的整体经济状况。"这样的社区开发项目可以成为所在地区经济活动和发展机会的有力催化剂，每一个新建的建筑或翻新的物业都有可能帮助低收入地区吸引更多的新鲜的和变革性的投资。"也正是因为如此，"如果一个社区发展项目具有高潜力的影响，路桥资本公司一定会帮助它们做好发展的准备"。

路桥资本公司会提供什么样的融资解决方案呢，具体包括：①在授权发展之前资助企业进行项目的可行性研究，并做好基础性的设计工作，如绘制建筑图纸、研究环境、进行工程分析和进行市场研究等。②借助股权投资以吸引更多的资金，这将为欠发展地区提供持久的利益和可持续发展的能力。③为确保项目持续进行，不因为资金的问题而延误，所以需要为企业提供可以进入下一个发展阶段的融资，包括评估差距、全面收购、设计成本以及具体的建设工作。④通过开发贷款为住宅、商业混合用途发展项目提供前期费用，如建设预算、调查、评估、市场研究和法律费用等。⑤通过路桥资本公司的区域合作伙伴提供较大的投资资本以支持对社区发展有巨大潜力的发展项目。

谁可以获得这样的金融支持呢？企业需要具备这样三个方面的条件：①拥有相关领域的技能和资源，行动力强，品质好，有健全的财务体系，并有强烈的环境保护意识的公司。②有强烈的振兴社区愿景的并且有着很成熟的房地产项目理念的社区发展公司。③能够在宾夕法尼亚州西部经济发展当中贡献力量的营利组织和非营利组织。

对项目类型的要求具体包括三个方面：①可以提高低收入人群生活水平的商业房地产、经济适用房、社会服务设施项目。②旨在恢复和维护这一地区城市和乡村社区独特性的项目。③可以吸引新的居民，以及可以吸引新的租户，如零售、服务和制造业的新建设项目。

路桥资本公司在这个过程当中如何发展社区呢，为此其从四个方面进行了考虑：①通过融资举措为居民创造就业机会。②通过填补资金缺口以促进商业活动和改善房地产价值。③吸引更多的投资进入新兴市场。④通过改善基础设施促进经济发展以振兴各个社区。

5. "504 贷款"

路桥资本公司第五种形式的贷款就是前文中提过的"504 贷款"，"504 贷款"主要是用来支持企业装修或购买房地产和设备，这种形式的贷款以长期固定利率为企业提供有竞争力的融资。根据规定，那些健康的、不断增长的、希望购买房地产或设备的企业可以获得"504 贷款"500 万美元的资格。这些贷款的主要用途包括：①购买长期机械设备。②现代化、更新、改变已有设施的功能。③改善外部因素，包括分级、停车和美化环境。④为新的制造工艺和高科技应用升级内部实用程序。

6. 非营利性组织贷款

路桥资本公司第六种形式的贷款就是针对非营利性组织的贷款，这种贷款的目的是支持那些非营利性组织为社区的发展做出更大的贡献。非营利性组织具有独特的收入结构、资产基础和融资需求，如果能够获得灵活的资本就可以帮助它们追求自己的使命，让它们更好地为社区提供必要的服务，并影响该地区的全面发展。"我们的贷款产品是为适应非营利性组织的独特需求而提供的，这包括固定资产和短期营运资金、房地产融资、贷款资助和其他更多形式的贷款等。"

5.5.2 创业教育和资源整合

为了提高创业者的成功几率，路桥资本公司要开展的第二个主要业务就是对借款者进行培训并为他们提供更多的学习资源。公司之所以要开展这样一个业务的考虑在于，"企业家需要的不仅仅是融资成功，他们还需要成功经营企业的知识、技能和有效的指导"，用中国式的语言表达这个业务就是把创业者们"扶上马以后还要送一程"。公司有了这样一个业务以后，除了能够帮助创业者更好地创业以外，还可以最大限度地实现路桥资本公司自己的企业使命，即"把资金放贷出去不是目的，让这些资金发挥应有的作用才是目标：帮助有志向的企业家不是目的，帮助有志向的企业家最终取得成功才是最终的目标"。"路桥资本公司的教育机会以及灵活的融资有助于最大限度地提高小企业成功的可能性"。此外，"虽然商业教育计划主要集中在我们的客户，但是其他的小企业主和企业家们也可以利用资源库中的机会和链接去进行自我学习"。

根据我们的了解，路桥资本公司为创业者提供的创业支持与创业教育可以分做五个方面，它们分别如下。

1. 实施创业教育导师制

路桥资本公司会为每一名创业者安排专门的创业教育导师，导师成员来自于一个常设的团队，它的领导者是 Aaron Aldrich，"Aaron Aldrich 管理着我们的创业教育团队，为我们的借款人提供一对一的援助，这其中包括把创业者的机会与他们业务发展的需求进行有效地对接"。

2. 低价或免费提供技术顾问

路桥资本公司会帮助每一名创业者获得财务管理、战略营销、商业计划设计等方面的技术指导，"他们将帮助你制订一个行动计划并实施它"，而这些指导收费很低甚至是免费提供。

3. 整合更多的资源以帮助创业者获得更多的教育机会

路桥资本公司可以整合大学和小企业发展中心的资源，为自己的借贷者提供参加研讨会和培训活动的机会，让他们可以在大学校园里或者是在小企业发展中心得到专业的训练和学习，从而帮助这些有志向的创业者获得必要的技能并建立自己的发展网络。

4. 借助电子刊物帮助创业者学习

路桥资本公司可以为创业者提供双月刊的 e-updates，这个杂志我们可以把它翻译成"每日更新"，创业者可以通过它了解最新的商业技巧，阅读来自当地企业家的文章，定期听讲座和接受培训，并可以与其他小企业主进行对话和连接。

5. 设立技术援助资金

为了增强小企业开展业务的能力，路桥资本公司还专门设立了技术援助资金。"您可以申请部分资助，以资助召开会议，举办研讨会，进行项目认证，这可以更多地帮助您的业务增长。"

综观以上五个方面的针对创业者开展的教育培训项目可以看出，路桥资本公司为小企业家提供的是"保姆式的服务"，有了这样一种贴身的服务，一个创业者或者一个小企业家只要有一个好的项目，或者只要他们有一个进取的精神，那么对他们来说成功就是指日可待的事情。

5.5.3　通过强大的资源网络不断地加强所服务公司的影响力

路桥资本公司给自己界定的首要任务就是，"通过提供新业务和新工作所需的资金和教育机会，将宾夕法尼亚州西部变成一个繁荣的地区"。为此路桥资本公司要通过全方位的沟通建立起强大的资源网络并不断地加强所服务公司的影响力，以确保其可以更好地服务于地方经济的发展和整个社会的全面进步。

可是如何评估这些公司的影响力呢？"我们评估影响力的内容包括：工作创造/保留，服务的扩展，低收入人口的百分比，家庭工资/福利的可用性，以及其他相关影响指标。如果客户是一个非营利组织，我们还评估由该组织提供服务的人数和社区设施的数量（或总的平方英尺）等。"

为了保持联系和了解宾夕法尼亚州西部小企业的努力，路桥资本公司建立了一个双月刊的电子通讯杂志，在这里将突出宣传那些成功的客户并分享他们的创业经验。此外，在这里还建立了当地小企业、小企业主的网络，"在这个社区里支持企业家们，并谈论他们的努力和成功"。

根据路桥资本公司的这项业务可以看出，其致力推动促进地方经济发展和社会进步的工作是非常注重细节和成效的，为此公司从各个方面去设计帮助创业者和小企业家的措施体系，并且综合路桥资本公司的三个业务来看这种努力已经达到了不遗余力的程度。

事实上，也正是有了这些不懈的和全面的努力，才可以让我们相信路桥资本公司所提出的"企业使命"是真实的，其所提出的"企业愿景"是可以实现的。最后我们再一起回顾一下路桥资本公司的"企业使命"和"企业愿景"，这不仅会加深我们对于这个公司的了解和理解，而且还会帮助我们掌握将"企业使命"和"企业愿景"有效对接企业经营与企业管理的路径和思想。路桥资本公司的"企业使命"是，"我们努力使宾夕法尼亚州西部成为一个繁荣的地区，让她的经济发展更快，社区更加富有活力。为此，路桥资本公司致力于帮助那些还不够富裕的人群提升资本和教育，帮助他们点燃商业和工作增长的引擎，支持企业家扩大他们服务的范围，并能够不断地加强我们所在地区的力量"。根据路桥资本公司的战略规划和业务发展模式可以看出，他们是这样做的。路桥资本公司的"企业愿景"是，"通过为发展和创新提供资本，为企业家的成长提供受教育的机会，路桥资本公司致力于创造商业的繁荣和工作机会的成长，通过各个方面的努力为地区带来新的财富，并且保留关键的社会服务以促进区域经济的可持续发展。在经济增长的过程中必须为社会所有成员创造机会，这其中自然也包括种族、少数民族和妇女的机会，要让他们充分参与到一个繁荣的经济成长过程当中而且要全面分享这种成长所带来的一切好处"。又是根据路桥资本公司的战略规划和业务发展模式可以看出，其事实上已经做到了。

第6章 国际维度发展公司的商业模式与企业文化

　　DDI 就是 Development Dimensions International 的简称，我们可以把它翻译成"国际维度发展公司"，它是一家人力资源管理咨询与培训企业，已经拥有五十多年的发展历史。在我们与公司的原 CEO 现任董事会主席 William C. Byham 面对面的交流过程当中有幸看到了公司曾经服务过的企业名单，它以小四号字打印在 A4 纸上，而且只打印所服务过的公司名字而不包括其他内容。我们非常好奇地数了一下，共 14 页，每页上差不多有 70~80 家公司，所以这样算来一共有 1 000 家左右，而且都是规模比较大的企业。另据 William C. Byham 先生介绍，其中半数曾经出现在世界 500 强的名单上。

　　国际维度发展公司所在的行业与前文所研究的几家公司虽然不同，但又有着很多相似或相近的地方。首先，与美食公园餐饮公司相比，它们都属于人力资源密集型企业，只不过美食公园餐饮公司的人力资源素质与人力资本的价值与国际维度发展公司相比有着很大的差距，后者是高价值的脑力资本密集，而前者更偏重于体力资本的集聚。其次，与 Othot 公司相比，它们都属于大的咨询行业的范畴，只不过 Othot 公司的决策咨询更偏重于技术和数据，而国际维度发展公司的人力资源管理咨询更偏重于人力和方法。从商业模式运营的角度看，国际维度发展公司与 Othot 公司更近，只不过 Othot 公司可以拓展的业务领域非常宽泛，而国际维度发展公司的业务拓展只能在人力资源管理这个范畴进行。不过在横向层面，国际维度发展公司又可以把业务发展到全世界范围内每一个有需求的国家以及完全不同的行业，事实上公司已经这样在做而且做得还很不错。

　　针对本章，作者的安排如下：6.1 节首先介绍国际维度发展公司的两位著名创始人 William C. Byham 博士和 Douglas W. Bray 博士，其次介绍国际维度发展公司的发展历史。通过介绍创始人的基本情况就可以了解他们为什么会成立这样的公司，而且还可以掌握他们的优势是什么，企业发展的重点在哪里。

　　6.2 节~6.4 节全面地介绍国际维度发展公司的非常成系统的企业文化，其中

6.2 节介绍国际维度发展公司的"企业使命"与"企业愿景"和企业发展的优势，这一部分的资料多数取自国际维度发展公司的网站。6.3 节首先介绍 William C. Byham 先生对企业文化的看法和企业家的做法，其次借助西方企业喜欢使用的描述方法对于国际维度发展公司的企业文化进行补充说明，这一部分的信息源自与 William C. Byham 先生的面谈以及他送给我们的两本资料，一个是《领导力的高效解决方法》，另外一个是《全球领导力展望：2014—2015》。6.4 节介绍国际维度发展公司的企业价值观体系，这个信息取自 William C. Byham 先生送给我们的公司新制作的企业文化手册，其中详细介绍了国际维度发展公司的七个价值观，它们分别是诚实（integrity）、迅速和敏捷（velocity and agility）、客户成果驱动（driving for client results）、创新、团队合作、契约（engagement）和注重员工的品质生活（quality life）。

6.5 节~6.8 节介绍国际维度发展公司的四大主要业务及其具体的商业运作模式，这些资料部分源自我们与 William C. Byham 先生的面谈，其他的都是取自国际维度发展公司的网站，其中取自网站上的信息有一些可能已经更新或更改，但这并不会影响我们的分析过程。其中，6.5 节介绍国际维度发展公司的第一大主要业务，即绩效管理和实施（performance & execution），也就是如何帮助顾客企业管理和实施他们的绩效；6.6 节介绍国际维度发展公司的第二大主要业务，即选拔领导者（leaders selection），也就是帮助顾客企业识别和选拔他们企业发展所需要的领导人，包括一线领导人、中层领导人、高层领导人、C 层领导人等；6.7 节介绍国际维度发展公司的第三大主要业务，即领导力发展（leadership development），也就是帮助顾客企业培养和发展他们各个层次领导者的能力和技能；6.8 节介绍国际维度发展公司的第四大主要业务，即继承性管理（succession management），也就是如何帮助顾客企业识别和选拔面向未来的有潜力的领导者，这个业务最为 William C. Byham 先生所看重，他认为这是一个企业发展的基础。本书花费较大的篇幅介绍国际维度发展公司的四个主要业务及其具体的商业运作模式不是为了向此类中国企业介绍国际维度发展公司的经验与做法，而是向更多的中国企业介绍隐含在国际维度发展公司业务当中的人才管理尤其是各层次领导者管理的思路和路径。"得人才者得天下"及"得优秀领导者可雄视天下"，这才是本书强调的理念以及为了实现这个目标而应该努力的方向。事实上本书在介绍国际维度发展公司可以做什么的同时，就已经说清楚了一个企业在人才培养和领导者选拔方面应该注意的事项，这是"知道是什么"及"知道应该做什么"的层面。而"到底应该如何去做"及"应该采用什么样的技术、方法、模型、方案去选择人才、选拔领导者"则是另外一个层面的事情，针对这一点，不同的企业有不同的特点，不同的公司有不同的诉求，所以不同的企业在方法选择上不可能也不应该千篇一律、千企一面，不加区别。

6.1 国际维度发展公司的创始人及其发展历史

国际维度发展公司的创始人是两个，一个是 William C. Byham 博士，另外一个是后来加入的 Douglas W. Bray 博士。

William C. Byham 和 Douglas W. Bray 于 1970 年创立了现在的国际维度发展公司，其早期业务主要是为商业公司提供有关于人力资源招聘、晋升和员工发展与管理决定的行为数据。在那个时期他们建立的许多人力资源咨询方面的方法与模型成功地帮助了众多企业的发展，这些模型今天依然还在使用，而且也非常适用，由此足见在当时这些模型与方法是非常成功的。除此之外，William C. Bill 和 Douglas W. Doug 还开创了众多服务于商业公司人才招聘和发展的项目。

与我们进行面谈的是这两位创始人之一的 William C. Byham 先生，我们的面谈在两三个月前被约定在 2016 年 6 月 29 日进行，由此也可见 William C. Byham 先生的日程是多么满，他的工作是多么忙。

当天是一个美国星期三的白天，而那时中国已经入了星期三的深夜。上午十点十五分，我们在不冷不热难得的好天气里一边欣赏路边的风景，一边开车赶往国际维度发展公司位于郊区的总部,路上花费了差不多二十分钟的时间。我问 John 为什么他们公司把总部建在了这么远离市区的地方。John 说，因为这是一个国际化的公司，有太多的员工往来穿梭于世界各地，所以他们把公司大楼建在了邻近飞机场的地方，而且这里还比邻高速公路的出口，土地使用费用也非常便宜。

又是提前将近二十分钟抵达目的地，每次与企业家的见面，John 都会把时间预留很多，以免迟到，而且每次提前到达以后他也总是不肯马上赶去与人家会面，用他的话说我们不能让人家知道我们到得太早，否则会让人家感觉不舒服。我不知道这是不是美国人的做事习惯，但是我知道在我所参加的活动当中很少见到有人提前入场的，多数人都是踩着时间准点到达，不像我一般会按照在国内养成的习惯提前很久进场。

当我们把车子停在国际维度发展公司总部大楼门前的停车场时，可以看见这里的停车场非常大，而且还不止一个，至少有四个。远看国际维度发展公司的总部大楼非常气派，是在北京常见的方方正正的占地面积较大的四层楼房，旁边还有一个长方形的四层大楼，John 说那是公司的培训中心。在离约定时间差五分钟的时候，我们进入了国际维度发展公司的总部大楼，在这里看到了以前从没有见过的安保系统。首先，大楼的正厅里没有保安，也没有任何值勤人员。其次，在大楼电梯旁边有一部电话,John 过去通过电话与人交谈了一会。然后过了两分钟，

William C. Byham 先生的助理，一个热情大方的五十多岁的妇女下楼引导我们乘电梯。作者以前曾经去过海尔的总部大楼，差不多也是这样一个设计，乘电梯需要有人引导，否则没有内部卡片电梯就无法启动。

这个助理与 John 非常熟悉，两个人热情地拥抱，然后互相亲切地打招呼。在美国只有这么熟悉的人才会用相互拥抱的方式打招呼，我到美国九个多月了，也没有获得一次与人尤其是与异性如此打招呼的机会，有点遗憾。他们的电梯倒是不用什么卡片就能启动，上了二楼我们就到了 William C. Byham 先生的办公室门前。可以看出，这是一个国际化的大公司，公司走廊里挂着世界各地的风情画，过道上还摆放着各种比较艺术化的来自各国的陈设和看上去很舒服的宽大沙发。William C. Byham 先生的办公室是一个多房间的套房，门口就是助理的办公室，很大的一个走廊中间是一个吧台，吧台旁边是一长排书架，上面摆满了 William C. Byham 先生的著作。

见面以后，William C. Byham 先生和 John 少不了相互之间的寒暄（图 6-1），在我们彼此交换了名片之后，他要求我们直接称呼他的名字 Bill，所以下文中我们就直接使用 Bill 指代他，而这时他的助理过来问我们想喝什么，作者和 John 点了咖啡，Bill 选择了红茶。在美国有很多人喜欢喝红茶，而且他们使用的不是 RED TEA 这个词汇，而是使用了 BLACK TEA，这让我们一开始以为他们要喝的是黑茶。

图 6-1 Delaney John Thomas、William C. Byham 和李文明

　　根据 Bill 的介绍，经过近五十年的发展，今天的国际维度发展公司已经成为在国际上享有盛名的人力资源培训和咨询公司，拥有分公司 42 家，分布在 26 个国家里，其中也包括中国。说到中国时，Bill 非常高兴地邀请我们去看其公司在中国的分支机构全体人员的合影，那是一张很大的照片，上面有几百名员工，背景是中国的国花，照片上的文字写着"2015DDI 大中华区旺年会"。作者乘机向 Bill 和 John 普及了一点中国文化的知识，我告诉他们那上面的花是中国的国花，叫做"牡丹"，而"旺"字则代表"兴旺发达"的意思，我见他们听不懂什么是兴旺发达也很难解释，所以干脆就直接告诉他们，"旺"字就是寓意"赚很多钱"，他们听了哈哈大笑。笑完以后，Bill 说他们在中国的分支机构最能体现公司所追求的"男女平等"的理念，"他们的头是女的，他们当中的一半也都是女的，女人在这里有地位"。

　　看完照片回到办公室，Bill 继续向我们介绍国际维度发展公司的一些基本情况。据他讲道，国际维度发展公司在提供人力资源管理咨询服务的时候使用 21 种语言，有三分之二的客户是全球化的公司。在公司服务过的企业当中，有 50% 的企业进入或进入过福布斯世界 500 强的名单，有将近一半的公司位列福布斯 100 家最适合为之工作的企业名录。另外，他让我们看国际维度发展公司网站上的一些数据——公司为世界各地的企业每年培训的优秀领导者超过 250 000 人，每个小时为各地企业做出的选择优秀人才的决定超过 3 200 次，每年帮助各地的公司吸纳的高级管理人员超过 3 000 人。至今已有超过 20 000 人获得了国际维度发展公司颁发的人力资源管理方面的证书。

　　先前，Bill 和 Doug 在国际维度发展公司当中是这样分工的，即 Bill 担任国际维度发展公司的首席执行官，他的工作是与公司的经营委员会一起建立公司的发展愿景、价值观和战略方向，并指导企业主要的产品开发和咨询项目。Doug 担任国际维度发展公司的董事会主席，并和 Bill 在广泛的人力资源事务当中深度参与国际维度发展公司顶级的咨询项目。而现在国际维度发展公司的最高领导架构是这样的，即 Bill 担任公司董事会的主席，Bill 的女儿 Tacy M. Byham 担任 CEO，之后 John 跟我说，"这是一个典型的私人企业"。

　　Bill 和 Doug 把业界领先的人力资源评估、聘用和领导力发展的经验带入了国际维度发展公司。在创办国际维度发展公司之前，Bill 在 J. C. Penney 公司担任评价和综合管理的经理，1968 年他在那里借助 Doug 的经验和研究开始成立管理能力评价中心。他们创立的方法在 J. C. Penney 公司成功应用后，Bill 为《哈佛商业评论》写出了关于评估中心的第一热门文章。在与我们的交流过程当中，Bill 谈到 J. C. Penney 公司时还是一脸的兴奋，他说 J. C. Penney 公司的企业文化真好，每个人都可以分享工作经验，大家在一起共进午餐，欢快地聊天，共同度过很多美好的时光。

　　在国际维度发展公司成立以后，Doug 一直担任人力资源总监（chief human resource officer，CHO）的研究与实践工作，并在另外一个著名的公司，即 AT&T 公司实习。AT&T 公司就是美国电话电报公司，它是美国第二大移动运营商，创建于 1877 年，曾长期垄断美国长途和本地电话市场，2014 年在世界五百强当中排名第 34 位，2015 年世界排名第 33 位。在 AT&T 公司时，Doug 坚持了具有里程碑意义的 25 年的跟踪研究，研究管理者的职业生涯是如何促进他们公司发展水平的。这种研究表明，评价中心方法可以成功地预测组织绩效，于是评估中心在整个 AT&T 公司开始实施这种方法。

　　在过去 45 年多的时间里，Bill 提出了很多重要的创新，如人力资源的技术和系统管理等，这些创新对全球的企业组织都产生了深远的影响。这些人力资源管理的创新点包括评价中心法、基于行为面试法、行为工作分析法、基于结果的员工和管理人员的培训和开发、授权管理、有针对性的反馈（替代三百六十度反馈）和作为继承管理的加速度池法。基于这些丰富的研究成果，Bill 已经著述了 27 本书并发表了 200 多篇学术论文。

　　说到著书的事情，Bill 又站起来找东西，在我们的谈话过程当中他不止一次地站起来找东西，一会给我们找企业文化手册，一会又给我们找他的书，还会给我们找他女儿的书，也会为我们找公司其他的资料，这真是一个快乐的老头，他打拼企业的年限比我现在的年龄还要长。

　　这一次，Bill 没用助理帮忙就找到了他刚刚才出版的第二十七本书，书的名字叫做 *LEADERS READY NOW: Acceleration Growth in a Faster world*，我们试着把它翻译成《领导者现在就要准备好：在一个快速发展的世界里迅速成长》。他写的书基本上都有中文版，只不过因为这本书才刚刚问世因此还没有翻译。据 Bill 讲道，这本书写的是"高层管理"，讲的是 CEO 最应该考虑的第一和第二位的事情。他边介绍，边分别送了我和 John 各一本。

　　沿着著书的事情我们向他提出了一个问题，"Could you tell me about the relationship between your research and your job"，即你是如何处理研究与工作之间关系的。他对这个问题非常感兴趣，而他的回答是，我喜欢研究并写作是基于两点，第一，通过写作我可以把很多分散的事情组合到一起，然后进行深入的思考。能够深入地思考然后把很多事情整合到一起无论对于 CEO 而言，还是对于这个企业来说都是一件好事情，也是一件很重要的事情。第二，通过写作，我会把员工们召集到一起共同进行交流，分析研究我们当下的发展方向和我们正在做的事情，并寻找解决问题的方法，这样就可以形成国际维度发展公司的独特发展之路。

　　这可真是一个了不起的想法，也成就了一个了不起的企业家。

　　据 John 说，Bill 不仅在美国很有名，而且在全世界范围内也都很知名。这个是可信的，想一想，数一数，你见过几个企业家能够写出二十七本书，别说是二十七本，能写出一本的企业家有多少，能写出七本的有多少，就是能够写出二十七本书的学者又能有多少。而且人家写的是应用性很强的著作，这可比有些学者拼凑参考文献而得来的书有用得多。

说到著作，Bill 还非常高兴地送我一本他女儿 Tracy M. Byham 刚刚出版的书，名字叫做 *YOUR FIRST LEADERSHIP JOB:How Catalyst Leaders Bring Out the Best in Others*，我们试着翻译一下它的主要题目就是《你的第一个领导力工作》，我们毕竟不是英语方面的专家，所以也不知道这样翻译对不对。但是在此我们进一步地领会了什么叫做"虎父无犬女"，什么叫做"言传身教"，什么叫做"家风"。

同样的，Doug 也是工业/组织心理学界的名人，他帮助开发了贝尔系统在培训项目上成功的主管关系模型，并在早期的培训行为模型的应用中发挥了关键的作用。在国际维度发展公司的网站上有一句话说，"他发表了 60 多本书和文章，并且获得了很多的奖项"，这让我们没有太明白也没好意思向 Bill 了解，这 60 多本都是书啊，还是连书与文章在内一共是 60 这个数目，要全都是书，那可真的是太厉害了，不可想象。而 Doug 所获得的奖项包括：2000 年，在评估中心方法奖中取得终身成就奖；1991 年，美国心理学基金会颁发的心理学应用金奖；1988 年，美国职业心理学委员会颁发的杰出服务和杰出贡献奖；1986 年，社会心理学会颁发的心理学与管理杰出贡献奖。

6.2　国际维度发展公司的企业使命、企业愿景和企业优势

6.2.1　国际维度发展公司的企业使命

国际维度发展公司独特的企业使命就是帮助其他企业发展更好的领导力，"我们以四十多年的创新所形成的科学方法帮助你的公司发展领导力，获得和培养人才，并加强继承管理"。为了更好地认知这个企业使命，我们可以看一下国际维度发展公司对此的解读，这些解读同时也是在向客户表达公司的诉求以及客户可以在这里实现的希望。

（1）我们不是一家猎头公司，我们不是一家软件公司，我们也不是一家补偿和福利商店，我们不做很多事情而只做一件事情，那就是"识别和培养领导力"。

（2）我们不会用新的业务去实现季度的财务目标，我们也不会要求其他公司收购以合并彼此的力量，所有的其他事情都是干扰。我们的核心目的就是要"帮助其他企业获得领导力的设计方案"，为了客户的需求，而不是为了迎合华尔街的需要。

（3）我们的义务就是提供一种类型的合作关系，它可以帮助客户公司不断地改变领导力的质量，提高领导力的水平，并最终影响他们企业的组织绩效。我们一方面是科学家，一方面是经验丰富的管理顾问。我们最好的客户需要可测量的结果，关心解决方案的质量，我们不断地满足他们，并为他们提供专家以帮助他们有效地实施这些方案。

经过以上三条解读以后，国际维度发展公司的企业使命就变得非常清楚了，而一个清楚的企业使命对于任何企业而言都是非常重要的，它可以回答影响企业发展的最为关键的问题，包括公司的发展定位、企业的业务范围、员工们努力追求的方向等。

6.2.2　国际维度发展公司的企业愿景

国际维度发展公司的"企业愿景"就是为有志于成功的企业准备好优秀的领导者。"我们要在任何水平上，以研究为基础，以结果为导向，以世界眼光帮助客户企业准备好他们发展所需的领导者"。

以下是我们通过研究公司的资料对国际维度发展公司的"企业愿景"进行的分层解读。

所谓的"任何水平"就是指为客户企业提供所有层级领导者的培养和培训，如图 6-2 所示，包括"INDIVIDUAL CONTRIBUTOR"和"FRONTLINE LEADER"，把它们翻译过来就是"基础性领导者"和"工作在第一线上的领导者"；"MID-LEVEL LEADER"，也就是中层领导者；"SENIOR LEADER"，也就是高级领导者；以及"C-LEVEL LEADER"也就是 C 层职业经理，他们又包括 CEO、CFO、CHO、COO（chief operating officer，即首席运营官）和 CIO（chief information officer，即首席信息官）等。

所谓的"以研究为基础"，看一下公司两位联合创始人的著作数量就可以理解这种说法的含义了，作为公司原 CEO 的 Bill 已经著述了 27 本书并发表了 200 多篇学术论文；作为原董事会主席的 Doug 则出版和发表了 60 多本书与众多的文章，他们的这些著述都是工作经验的总结，同时也是研究性工作的成果。

所谓的"以结果为导向"是最容易理解的，它的另外一种说法就是"以成败论英雄"。试想一下，如果客户的需要得到了满足，那么就证明工作是成功的，相反如果客户的需要没有得到满足，那就说明工作是失败的，而国际维度发展公司 1 000 多家成功合作的企业名录足以说明客户们对于国际维度发展公司的工作结果还是非常认可的，我们认为这是一个公司可以当下发展成功和未来可以继续成功发展的最为重要的基础。

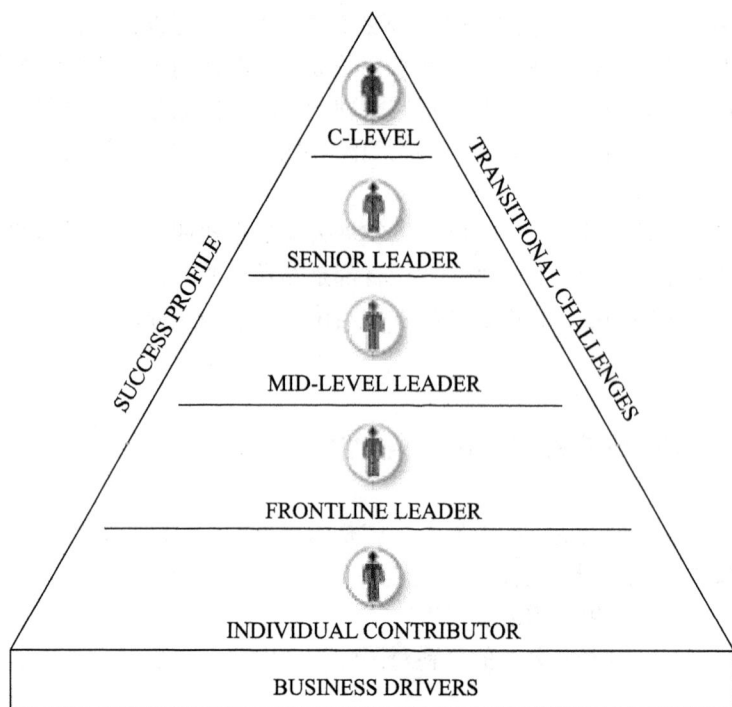

图 6-2   各种水平的领导者培养

　　所谓的"世界眼光"就是在全世界范围内寻找客户，并在全世界范围内吸纳人才，打通世界性与本土性的界别，同时满足世界各地企业本土化的要求。事实上，国际维度发展公司已经做到了这一点，其分布在世界范围内 26 个国家的 42 家分支机构可以为此提供证明。事实上在我们与 Bill 的交流过程当中，他也多次提到世界性和国际化的问题，他说道，"我们是一个国际化的公司，我们的战略就是要要像可口可乐公司那样把业务做到全世界每一个角落。我们要成为这个行业当中独一无二的公司，我们不仅要为美国的企业服务，更要为全世界的企业服务。当我看到来自不同国家的员工在一起活动的时候，他们分享各自的文化，相互介绍着自己的语言和风俗，我很快乐，他们更快乐"。

6.2.3   国际维度发展公司的企业优势

　　国际维度发展公司的企业优势在于五个方面，这五个方面的优势曾经使公司过去发展得很成功，而且也是企业未来继续成功发展的基础，具体如下。
　　（1）国际维度发展公司近五十年发展经验的积累。这种积累所形成的信息和档案是企业发展最宝贵的财富。

（2）国际维度发展公司近五十年为 1 000 多家企业提供的服务。这些服务所产生的结果令客户满意，公司因此赢得了客户的信赖，而任何企业资源都比不过这种客户对于公司持久的信赖更宝贵。

（3）国际维度发展公司一如既往地忠诚于客户的态度。这种忠诚同样也换来了客户企业的忠诚相待，这是企业可以进一步发展的基础。

（4）国际维度发展公司已经建立的顶级客户群体。这些顶级客户现在是、将来也是企业继续发展的合作伙伴，有了他们的存在公司就有了源源不断的客户支持。

（5）国际维度发展公司已经建立的全球化的经营网络。这种网络不仅可以帮助企业找到目标客户，而且也可以为企业寻找全球化的人才。

6.3　国际维度发展公司的企业家文化和企业文化

6.3.1　国际维度发展公司的企业家文化

企业家文化是指用于指导企业家行动的思想和理念，企业家的思想和理念有时就是企业的行动哲学和发展原则，所以说企业家文化有时可以等同于企业文化。但是，有的企业家的思想和理念不是很成体系，他们的领导风格与管理特点也并不稳定，但是他们的公司一样可以形成系统的管理理念和经营哲学。这其实也不奇怪，企业家不行，但是企业家手下有行的人，或者他会借助外力，他可以借助团队成员或者外力的力量建构一个系统的企业文化体系。"我是粗老大，但是我的企业却不是大老粗"。所以从这个意义上说，企业家文化也不能完全等同于企业文化。

但有一个结论是肯定的，那就是成熟的企业家文化可以等同于企业文化，或者可以全面影响企业文化。国际维度发展公司就是这样的一个例子，其企业家文化是非常成熟的，正是在其成熟的企业家文化的影响下才形成了现在国际维度发展公司的企业文化和事业格局。

当我们提及这个问题时，Bill 说道，企业家文化可以赋予企业家"软能力"（soft skills），这种"软能力"或"软技能"是帮助企业获得成功的关键。

我们接着问道，一个企业家可以具备的"软能力"应该包括哪些方面的内容。Bill 说，企业家的"软能力"至少应该包括五个方面的内容。

第一个方面是注重交流。一个注重与员工交流的企业家往往能够赢得属下的信赖，这种信赖是员工可以致力于为公司认真工作的基础。

第二个方面是强调协商。每一个人都有自己独特的才能，也都具有自己独特的缺点，通过协商可以让大家把独特的才能展示出来，而把独特的缺点克服掉或者至少可以让它不影响工作，这样就可以在协商的基础上取众人之长，补众人之短，从而打造高效率的团队和高绩效的企业组织。

第三个方面是让员工们感觉舒服。为什么要让员工感觉舒服呢？因为只有他们感觉舒服了才愿意尽展所长，而怎样做才能让员工感觉舒服呢，这是一个比较复杂的事情，非三言两语可以说清楚。但有一点是肯定的，即有没有想让员工感觉舒服的理念是处理这个事情的前提。

第四个方面是做出决策。这是企业家的主要能力，也最能反应企业家文化的特点。员工们需要及时地知道我们要到哪里去，我们应该如何到达那里。所以，企业家就要及时地进行决策，并且要把决策的结果清楚地传达给每一个人，这样才能确保企业目标可以顺利地实现。

第五个方面是国际化的思维。"我们是一个国际化的公司，所以我们要包容多样性，不同文化背景下的员工就是我们的竞争优势。"

6.3.2　国际维度发展公司的企业文化

国际维度发展公司的企业文化前面我们已经分析过他们的"企业使命"和"企业愿景"，后面还要分析他们的"企业价值观"，这些都是企业文化尤其是企业精神文化的重要内容。而在这里要介绍的国际维度发展公司的企业文化，其实是要按照美国企业比较喜欢使用的"3W+1H"或"4W+1H"的模式做一个补充说明。

下面是 Bill 给我们的材料当中所介绍的关于国际维度发展公司的"4W+1H"及其解读如下。

（1）"Who We Are"，即"我们是谁"：国际维度发展公司是高端人才管理的顾问之一，五十四年前我们已经在这个领域领先，今天我们依然还是领先者和革新者。

（2）"What We Do"，即"我们做什么"：我们帮助客户雇用、提升和发展他们的领导者与企业员工。

（3）"Who We Do It With"，即"我们和谁一起做"：我们的客户多数都是已经很成功的企业，它们居于世界五百强的名单，活跃在各个行业，分布在 26 个国家。

（4）"Why We Do It"，即"我们为什么要做"：我们所教授的原则和技能不只是可以让人变成一个优秀的员工，而且可以让他们发自内心地感觉快乐和充实，这可以帮助他们成为更好的家庭成员、更好的邻居和更好的朋友。

（5）"How We Do It"，即"我们如何做"：我们帮助客户评估和培训他们的未来领导者和员工，我们帮助客户进行较大规模的组织再设计，我们总是使用最新的和最科学的方法。

6.4　国际维度发展公司的企业价值观

我们在美国访谈企业家的时候，很少见到访谈的企业印制成型的企业文化手册，这多少让我们感觉有点意外。而国际维度发展公司就是一个例外，在我们与 Bill 谈话的过程当中，他让助理给我们拿来了国际维度发展公司的企业文化手册。事后，作者研究了一下这个企业文化手册，上面只有"企业愿景"和"企业价值观"两个部分的内容，而依据我们在《企业文化与绩效管理及其互动影响研究》一书当中建构的企业文化体系看，一个完整的企业文化手册至少应该企业精神文化和企业亚文化两个部分的内容。其中企业精神文化又包括"企业使命"、"企业愿景"、"企业宗旨"、"企业核心价值观"、"企业精神"和"企业理念"，企业亚文化是企业的基础性理念体系，它的多少需要依据企业的规模、行业性质以及企业组织架构的设置来定。

国际维度发展公司是有"企业使命"说明的，只是没有收入这个企业文化手册而已，不知道是为什么。

美国的企业或者说整个英语系国家的企业都习惯上不使用"企业精神"这个词汇，而愿意使用"企业价值观"来表达，所以看这些企业的价值观体系就相当于是我们中国企业所说的"企业精神"。下面分别介绍一下国际维度发展公司的企业价值观，一共有七个方面的内容。

6.4.1　诚实

在《美国杰出公司企业文化研究》一书当中，我们通过研究美国十家杰出企业的价值观发现，"诚实"是各个企业第一看重的价值观，这让我们对于美国的企业文化有了不一样的认识。而在国际维度发展公司，也是把"诚实"奉为第一价值观。他们是这样理解的。

"我们从各个方面践行"诚实"的价值观，无论是说还是做都要坚持这一标准不动摇。我们知道什么是正确的，也清楚地知道我们的信仰，对此我们将一如既往地坚定地追随它们的指引。"

我们是一个说到就要做到的企业组织。在国际维度发展公司，我们：

（1）在商业行为当中坚持高标准的道德要求。

（2）与同事、合作伙伴和客户一起共创双赢。

（3）坚守诚实、正直和合作的原则。

（4）实践信守道德的商业。

（5）保守我们的承诺并在各个方面遵守它们。

（6）坚持由领导带头承担责任。

（7）坚持做正确的事情，即便是容易的和快速做出的决定也不能轻视。

（8）承认他人的努力，并给出他人努力以后的良好评价。

6.4.2　迅速和敏捷

关于"迅速和敏捷"这个价值观如果用中国式的语言表达的话，我们通常会选择四个字的词语，而英语的表达习惯通常是使用一个词汇，而国际维度发展公司则选择了两个词汇以表达差不多相近的意思，这样的情况在美国公司的企业文化描述当中实不多见。而我们要理解这个意思可以使用另外一种表达方法，即用两个四字词语去表达它们，那就是"迅速行动"和"敏捷反应"。不过我们还是看一看国际维度发展公司对于这个价值观的解读吧，那才是公司原初的思想。

"我们对商业问题进行预期和快速反应并抓住机会全面满足客户的需求，这给我们提供了更多的市场机会和竞争优势，使我们占领市场并确保赢得客户的忠诚。我们每一个人都能为做出高质量的决定而负起自己的责任，为此要建立程序以支持迅速和敏捷的反应，以此为客户提供灵活的和独特的解决方案。"

在国际维度发展公司，我们的领导应该：

（1）确保明显的优势。

（2）及时决策并与他们高效地进行交流。

（3）在最低合适的标准下成为有力的决策人。

（4）克服障碍推进我们的实施方案并实现公司的目标。

（5）建立和支持提高速度和有效性的程序。

在国际维度发展公司，我们的员工应该：

（1）对客户、合作伙伴、供应商、管理和员工所需快速进行反应。

（2）采取国际维度发展公司的正确方案去满足客户的需求。

（3）快速评估新的形势并且识别其中的机会和风险。

（4）及时决策，即使在困难和压力之下也不改初衷。

（5）适应但决不抱怨。

6.4.3　客户成果驱动

我们见过目标驱动、成果驱动的价值观描述，但是很少看见以客户成果驱动作为工作理念的企业。下面我们就见识一下国际维度发展公司在这个方面的理解和描述。

"我们会把我们的价值观带给客户，通过帮助他们让他们获得可以测度的商业成果，这些成果是可持续的，并且可以在他们的人才管理实践中经受不断改变的考验。"

在国际维度发展公司，我们：

（1）认真地倾听客户描述他们当下的和未来的商业挑战，并帮助他们在正式投资之前界定一个清晰的商业范畴。

（2）作为一个可信任的建议者，为客户提供理想的领导力和前景方案，从而帮助客户面对在业务和人才两个方面的挑战。

（3）确保每一个人可以致力于理解优势、他们的责任和如何推进工作的方法。

（4）提供强力支持以确保客户使用和践行我们为他们制定的解决方案。

（5）领导者和员工共同努力工作以满足和超越客户们的需求。

（6）建立清晰的评估体系以判断商业影响。

（7）认可和奖励能够帮助客户成功的员工。

6.4.4　创新

创新是很多企业都看重的价值观，但是我们在《美国杰出公司企业文化研究》一书所分析的十家美国杰出企业里却没有找到多少公司把这一条正式地列入他们的企业价值观体系当中，这多少有点让我们感觉意外。而在国际维度发展公司的企业价值观当中，对此却进行了充分的描述。

"我们鼓励好奇心和有挑战性的观点，并且支持进行自由地思考。基于一个坚定的鼓励创新的文化，我们可以快速推进和强有力地成长。"

在一个快速变化的环境里竞争和发展，我们必须创新性地思考和创新性地采取行动。因为创新可以帮助我们持续地提升我们的产品、程序和服务，也会帮助我们创造性地提出解决方案并不断地实现商业价值。创新就意味着提出前瞻性的问题，并且要挑战我们现在做事情的方法，即使当前的工作看上去还行。我们需要好奇心和提出有探索性的问题，有前瞻性的试验，并把它们由思想转化为切实可行的行动。

在国际维度发展公司，我们：

（1）可以挑战权威的地位，可以研究最好的方案，可以采取创新性的方法去管理我们的业务。

（2）瞄准关键领域所需要的创新并且研究更加适用的解决方案。

（3）利用我们的时间、金钱、培训和工具等等资源去创设和实施创新的方案。

（4）学习和使用更新的和组合性的技术。

（5）庆祝和奖励创新性的尝试，无论它们是否成功。

6.4.5　团队合作

团队合作不是一个创新性的话题，但却是一个需要使用创新性的方法才能全面推动的工作。国际维度发展公司在这个方面的认识如下。

"我们需要一起工作，尊重每一个人的独特贡献，共同完成国际维度发展公司的目标，并且要满足客户的需求。国际维度发展公司的持续成长不是依赖我们少数的专家，而是依靠更多的人努力合作，这些人是分布在世界各地的国际维度发展公司的各个部门的职员、我们的顾客、我们的合作伙伴和供应商。如果我们能够重视每一个人的观点、经验和技能的话，我们就能做出伟大的事业。感谢我们所建立的全球多样，它是确保我们未来成功的必不可少的基础。"

在国际维度发展公司，我们：

（1）在每一个团队和每一个部门都建立合作关系，以此来实现组织的目标和客户的目标。

（2）即便在没有要求的情况下也可以分享我们的信息和观点。

（3）在最低的可能下管理可能的冲突。

（4）给每一个人直接的、及时的和具体的反馈。

（5）对于不熟悉的产品、服务、能力和程序我们要集体学习。

（6）奖励和认可团队所做出的努力。

6.4.6　契约

"engagement"在英文当中有多种意思，我们能找到的可以与企业管理相近的意思是"契约"和"约定"。在这里我们使用了"契约"这个选项。下面就看一下国际维度发展公司对于这个价值观的理解。

"我们乐于承担责任以采取正确的行动并做出有利于国际维度发展公司和客户的决定。契约要求我们以主人的身份去提供帮助而不是逃避责任。为了国际维度发展公司的成长,我们每一个人都必须掌握信息、资源、自由、竞争能力和信心,从而可以采取行动去创造有意义的结果。员工契约为顾客和员工的满意建构了组织质量和生活质量的保证。"

在国际维度发展公司,我们:

（1）共同工作以建立清晰的目标、期望和责任体系。

（2）对于每一个人在每一天的工作都要提供反馈、教练和认可。

（3）有效地使用我们需要的信息和资源。

（4）在任何最低的可能条件下确保做出决定。

（5）鼓励在一定程度和自由基础上的冒险。

（6）在错误当中学习机会。

（7）用数据测量我们的工作进程。

（8）相信我们所做出的不同,是这种不同点燃了我们提高自己的渴望,提高我们团队、我们社区以及整个国际维度发展公司的渴望。

6.4.7　注重员工的品质生活

国际维度发展公司的第七个价值观是针对平衡员工的生活与员工的工作提出的。

"我们相信我们大多数的有创造力的相关人员可以平衡好他们个人生活与工作的关系。当我们的员工每天赶到国际维度发展公司工作的时候,他们选择了花费他们大量的时间来确保国际维度发展公司和客户的成功,而且他们做得非常非常得好。当他们一天的工作结束的时候,我们希望他们可以回到家里与他们的家人和朋友共同度过轻松的、没有约束的和新鲜的生活。"

在国际维度发展公司,我们:

（1）为每一个人提供发展的机会。

（2）鼓励员工和领导者共同寻找可以最大化地平衡工作和生活的方法。

（3）有规律地管理他们工作的满意度以确保每一个员工都可以做出有意义的工作。

（4）当员工完成了他们的工作责任以后让他们感觉快乐。

（5）让他们的家庭成员可以参与公司的活动。

6.5　国际维度发展公司的主要业务和商业模式之一：绩效管理和实施

国际维度发展公司的主要业务都是集中在人力资源管理咨询方面，从总体上看可以分为四个主要部分，即"绩效管理和实施"、"选拔领导者"、"领导力发展"和"继承性管理"。针对这四个业务我们问了 Bill 一个问题，即 "Which one is the most important"，也即"哪一个是最重要的"。Bill 回答说，最后一个是最重要的，因为它是基础。然后我们又问了另外一个问题，"What is the relationship among these four aspects"，即"这四个业务之间是一种什么样的关系"，Bill 说它们之间是必须捆绑在一起的紧密关系。

其中，国际维度发展公司能够为顾客提供的第一个主要业务就是帮助顾客企业提高绩效管理与实施的水平。在这个业务领域，国际维度发展公司的核心理念是 "drive a high-performance culture"，即"推动一个高绩效文化"，这与我们在《企业文化与绩效管理及其互动影响研究》一书中所提的观点不谋而合，都是在强调绩效管理与企业文化之间的紧密关系。

国际维度发展公司的研究人员认为，因为员工的发展需求越来越多样化，股东的期望值越来越高，竞争对手越来越多，企业继续为之努力的战略重点和责任越来越不明确，再加上并不是那么理想的领导力，结果导致有三分之二的公司最终没有办法成功地执行其既定的战略。而高绩效的组织认为战略执行是一个企业最优先的话题和任务，因为它能够确保企业关注重点、强调协同、人人奋力、职责明确。可是如何才能做到这一点呢？那就需要一个系统的方法把这一切联结在一起，由一个正确的领导推动一个高绩效的文化，从而可以带领企业把战略目标变成现实收益。

为此国际维度发展公司能够帮助顾客做的事情包括四个方面。

6.5.1　聚焦和协同以获得胜利

如何才能把战略目标变成现实的结果呢？如图 6-3 所示，国际维度发展公司的研究认为，有 42% 的管理人员对他们的策略有太多的优先级，而其中一些是冲突的并且相互之间缺少协同。一个公司的领导者只有关注最重要的优先事项，他们才可以带领组织凝聚在一个共同的方向上。如果建立了正确的优先顺序，领导者就能够汇集系统和流程，可以推动形成成功执行所需要的清晰性、敏捷性和紧迫感，而这些是战略目标可以实现的不可或缺的基础。

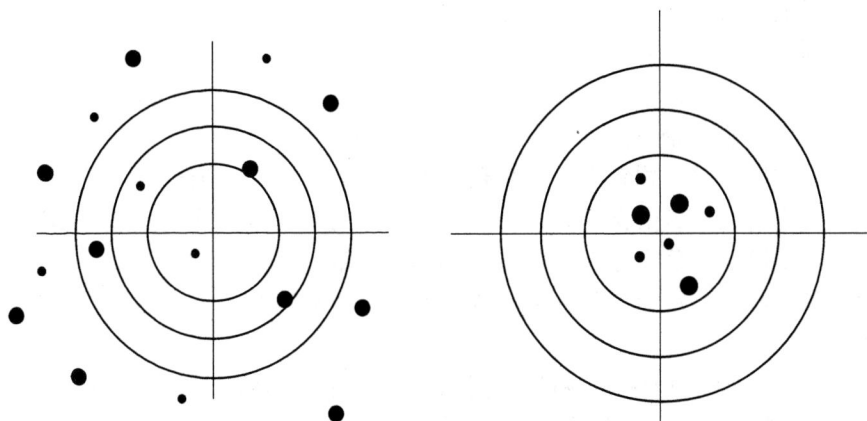

图 6-3　离散的目标和目标集中

为了建立起这样的基础就应该从两个方面开始推动形成一个高绩效的文化：第一个方面是以聚集和协同的方式来实施公司的战略，第二个方面是基于企业的战略目标培养领导能力。

在第一个方面，国际维度发展公司认为建构一个伟大的战略是一回事，而实施它是另外一回事。如果一个伟大的战略得不到有效的实施，那么这对于企业最大的努力和最聪明的领导者来说都是一个巨大的浪费。

国际维度发展公司的"企业战略执行系统"（executing business strategy system）可以帮助企业把管理者变成领导者，然后再由领导者带领企业把战略目标变成现实成果。这个系统可以帮助领导者的方面包括：①建立一个将战略转化为行动的过程。②确定战略重点和战略措施以确保聚焦企业的重点业务单位。③建立明确的目标责任制以推动战略优先事项并协同成功执行的能力。④学习如何利用组织系统的力量以实现企业战略和文化战略。⑤围绕企业的战略和策略制定一项可以持续进行沟通的计划。

"企业战略执行系统"由三个部分组成而且它也可以为顾客量身定做以满足顾客不同的需要，这三个部分包括将战略转化为行动、调整组织能力和利用组织系统。为了准备这三个部分的工作，领导者要完成组织的评估并收集现有的相关信息，这些信息包括组织的愿景、组织的价值观体系和组织的战略体系。

国际维度发展公司可以为顾客量身定做的部分包括这样一些内容：

- 识别明确的和具体的战略优先事项以及可能推进与拖后的措施。
- 明确职责以及实现每个战略的重点。
- 鉴定领导小组成员的核心能力和工作能力。

- 评估企业领导团队的能力以实现企业的业务单元战略。
- 识别帮助或阻碍战略执行的系统。
- 利用组织系统制订行动计划。

在第二个方面，国际维度发展公司认为，一个伟大的人才战略必须从企业要去的地方开始，企业的领导者需要借助他们的"工具箱"帮助公司走到那里去。国际维度发展公司针对人才战略的方法如下：首先，通过企业特定业务的镜头定义成功领导者的概念；其次，组合那些必要的方面推动企业不断向前发展。国际维度发展公司会与企业一起创建一个最关键战略的路线图，然后识别和确定其中所包含的元素从而可以为企业的领导者进行定义，并把这些与企业紧密关联起来。

通过审查企业短期和长期的业务目标、行业和竞争状况，以及企业高级领导人对于未来的愿景，国际维度发展公司可以帮助企业协调人才与业务的关系，重点包括两个方面：①定义企业领导者必须征服的关键业务挑战以帮助企业成功地执行企业战略和企业文化的优先事项。②通过定义企业领导者的能力、经验、知识和个人属性为企业领导者勾画一个整体性的轮廓。

6.5.2　预测准备情况

如何评估准备情况以执行战略呢？国际维度发展公司认为，要评估如何准备好企业组织，以及企业领导人如何执行业务优先级的关键在于获得强大的能力和可以操作的实际见解。为此，国际维度发展公司可以提供审计工具和领导力评估的选项，帮助顾客企业评估和预测组织与领导者个人准备执行战略的情况，并据此可以推动未来绩效的发展。具体内容可见图6-4，其中绿色（G）代表已经准备好，橙色（O）代表正在准备中，红色（R）代表还没有准备。

预测企业是否已经准备好把战略变成现实的工作，可以分为两个方面进行：第一个方面是寻找可以加速战略执行的因素或者导致战略执行工作脱轨的因素；第二个方面是获得"已经准备好了的领导者"的快照。

在第一个方面，国际维度发展公司认为一个企业首先应该知道在它的组织当中构成威胁的差距是什么，其中需要重点考虑如下：①领导人优先考虑其团队的时间和精力是否适当。②各级领导和同事们是否从各个方面明白他们的目标和组织目标之间的联系。③正确的事情是否正在被跟踪和衡量以确保战略目标可以实现。

在这个方面，国际维度发展公司用于帮助企业的是"战略执行审计系统"，该

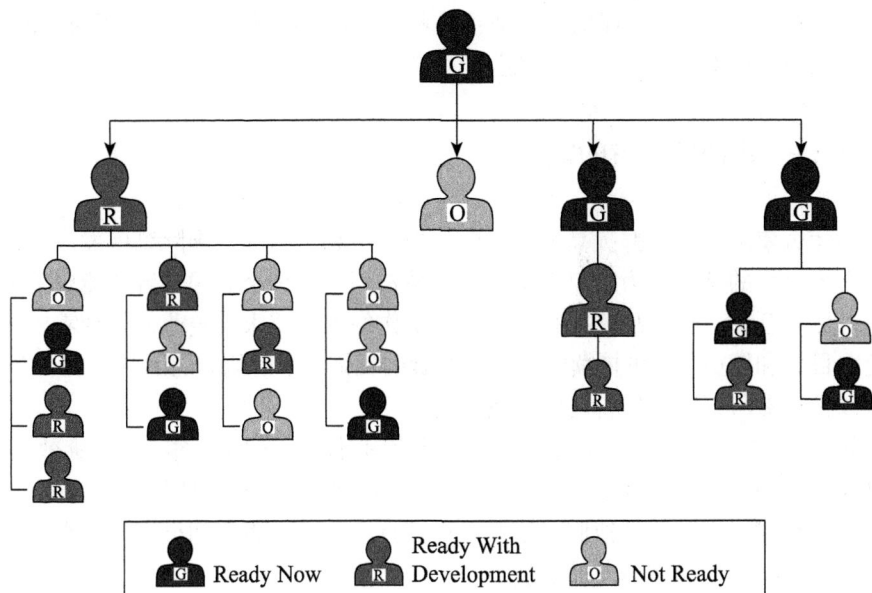

图 6-4　准备执行战略的情况

系统可以帮助企业找到当下被认为是推动或破坏企业"把战略变成结果"的那些因素。"战略执行审计系统"是一个简短的包括 27 项内容的在线调查系统，通过这个系统就可以找出到底是哪些因素在促进企业战略的执行，又是哪些因素阻碍了企业战略的实施。

"战略执行审计系统"可以为企业的执行准备情况提供一个全面的诊断。此外，它还可以把目标锁定在企业组织内部特定的功能或部门上。国际维度发展公司的一个顾问将与利益相关者共同审查结果，促进讨论并审查结果的实施，对已经确定的差距采取优先的行动。

在第二个方面，国际维度发展公司认为，一家企业应该下定决心去培养自己的领导者，这是关系企业发展的重大决定。如果一个企业的领导者的能力存在的差距越大，那么这个企业培养自己领导者的决心就应该更大。对于领导者个人而言，来自评估反馈的令人信服的见解也是他们改变的催化剂，这将使培养和发展更加个人化和更加具有意义。

在这个方面国际维度发展公司能做的工作有七个方面，它们分别如下：①帮助企业建立一个超过三百六十度的反馈系统，它将帮助企业识别优势并发展个人和团体的需要。②为企业提供一个在的线工具，可以衡量领导者当前的绩效表现和未来的发展潜力。③帮助企业进行一线管理评估，以评估准备的情况和领导者更快的预先准备。④可以帮助企业专门针对中层领导者进行"虚拟领导力评估"，以识别、选择和发展这些关键领导。⑤以模拟为基础进行评估以确定所有级别的优势和差距。⑥通过执行评估以帮助领导者过渡到更高级的角色。⑦通过 CEO 评估模拟和确定谁有可能成为未来的公司总裁。

6.5.3　建构领导者的能力

为什么要发展绩效并提高领导者的努力参与和贡献呢？国际维度发展公司认为，有了增强的领导能力并掌握了人际关系技巧，一个企业领导者才能更善于日常的对话和互动，这是战略执行和高绩效工作的本质要求。企业领导者需要技能去建立目标和期望，提供持续的指导和明确的反馈，帮助他们的团队发展、成长，并可以积极参与管理他们自己的绩效表现。

如图 6-5 所示，一个企业的领导者不仅自己要有很好的绩效表现（PERFORMANCE）和努力参与（ENGAGEMENT），而且还要学会沟通的本领、与部属互动的技巧以帮助他们也不断地提高自己的绩效表现和努力参与水平，从而可以促进团队组织整体向前发展。

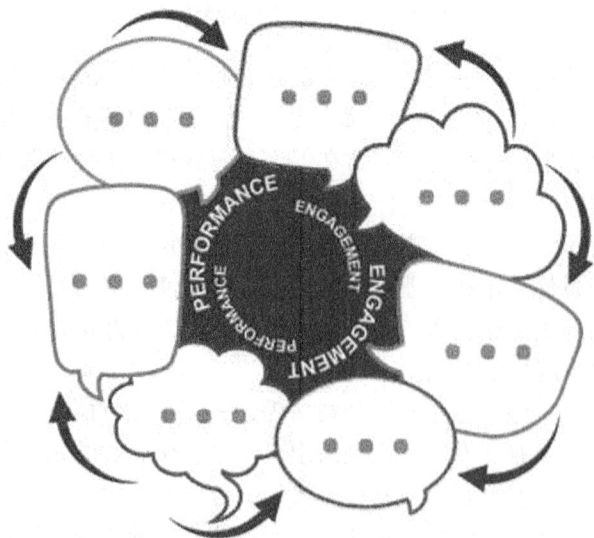

图 6-5　多层次沟通

如何才能提高绩效表现和努力参与的水平呢，这里也有两个方面的工作可以去做：第一个方面是发展领导者的能力与技巧以推动战略执行；第二个方面是进行有效的绩效对话。

在第一个方面，国际维度发展公司认为，除非各级领导可以从他们的团队那里得到最高级别的绩效表现，否则一个企业就不能执行自己的公司战略。然而，许多领导人未能确立明确的方向和绩效目标，没有办法让团队成员承担责任，并努力训练他们以获得预期的结果。所以针对这一点，国际维度发展公司设计了三个方面的问题，具体如下：

- 企业的领导们是否有能力把高层次的战略转化为具体的目标和行动。
- 企业的领导们是否在正确的时间里采取了正确的行动以把他们的时间和精力都花在了推动团队绩效发展上。
- 是否有领导敢于直面挑战，为了成功而制定正确的措施。

国际维度发展公司在这个方面能够做的事情就是他们已经开发了一个"具体水平领导计划"，它可以帮助企业中层和一线领导人推动战略执行。

其中中层可以做到如下四方面：①了解成功实施战略所需的基本要素。②克服妨碍实施战略的挑战。③保持自己和他们的团队共同致力于执行战略。④清楚地知道如何在长期内维持执行。

一线领导可以做到如下四方面：①在日常工作压力中依然能够专注于重要工作。②可以向他们的团队和其他人解释关键工作的重要性。③可以追踪有关措施的进展和成果，以确保成功执行。④发挥沟通职责以使团队成员理解优先工作的重要性、影响以及对他们的期望。

在第二个方面，国际维度发展公司认为，如果一个企业试图改造它的绩效管理方法，希望了解应该从哪里开始努力，如何培养领导者的基本技能，怎样做才可以激发组织最好的绩效等。那这个企业就可以与国际维度发展公司进行合作，公司可以帮助企业做到的事情有三个方面，具体如下：①发展能把战略与期望对接的领导，他们可以对进展和结果进行回顾，可以提前进行辅导并调整时间，可以及时进行反馈，可以创造具备操作性的发展计划。②准备领导，使他们成为可以改变和倡导表达者的代理人。③为管理者和他们的直接报告提供工具，以方便进行相关于绩效的集中讨论和有意义的谈话。

6.5.4　驱动绩效

如何才能优化绩效管理呢？是借助云基础的软件或借助评定量表，还是借助在线检查的方式呢？借助检查企业可能会相信在绩效管理方面已经有基础，但是却不一定能够意识到那不是它的全部价值。对此国际维度发展公司认为，71%的企业组织想要改进或改造他们的绩效方法，然而，太多的管理者隐藏在软件和专注于完成审查的过程当中，而不是把注意力放在教练谈话上（图 6-6）。"如果这听起来像是你的组织，你需要一个更好的方式：一个强调领导者如何推动和发展绩效而不是管理它们的方法。"

图 6-6　绩效教练示意图

　　如何选择优化绩效管理的方法以驱动绩效发展（drive performance）呢？这可以从两个方面进行考虑：第一个方面从绩效管理审计开始做起，第二个方面是探索绩效管理解决方案。第一个方面的工作是基础，第二个方面的工作是重点也是目标。

　　在第一个方面，企业首先要问自己一个问题，那就是，"上次回顾企业绩效管理的流程和系统是什么时候"。如果已经是很久以前的事了，那就不难理解为什么企业当下的绩效管理工作效率会如此低下。事实上，回顾绩效管理的过程也就是绩效审计的过程，而绩效管理审计可以为一个企业当下的绩效管理工作提供一个快照，它的依据是通过回答如下一些问题实现的，如哪里运转的好，哪些方面需要改进，人们如何看待这个过程，管理者和直接的报告是否有不同的观点等。

　　在这个方面国际维度发展公司设计了一个简短的 40 项调查问卷，它可以有助于企业确定自己在绩效管理方面的优势和差距，可以帮助企业做出明智的决定以提高或改变现在的绩效管理流程。

　　我们看一下国际维度发展公司绩效管理审计可以提供的结果都有哪些方面的内容，它包括：

- 把个人目标与企业或业务单元目标进行对接。
- 把力量放在可衡量的目标、职责和竞争力上。
- 依据管理人员和员工的技能以确定现实的和可衡量的目标。

- 重视管理者在评估行为和进行有意义的绩效谈话中的技能。
- 专注于发展的力量。

借助绩效管理审计企业可以评估目前绩效管理过程中所使用的实时数据和下一步的优先选择以改善或改变企业绩效管理的方法。在国际维度发展公司的专家服务和灵活的开发解决方案帮助下，企业可以最大限度地提高绩效管理策略以确保它今天有效而且明天还会继续有效。

具体说来，国际维度发展公司可以从以下几个方面帮助企业：①审计企业当前的方法——用绩效管理审计的方法帮助企业回顾当前绩效管理过程的有效性，并且在需要改进的地方给出具体的建议。②发展基本技能——提供有意义的和持续的指导，创造发展计划并及时反馈，从而使企业的绩效对话更好地发挥作用。③安全的利益相关者的支持——创造绩效管理的冠军并培养领导技能以帮助企业实现和实施既定的战略。④把目标与组织能力结合起来——利用国际维度发展公司已经证明的、灵活的和全面的竞争能力解决方案可以把绩效管理与其他人才系统集成到一起。

6.6　国际维度发展公司的主要业务和商业模式之二：选拔领导者

国际维度发展公司能够为顾客提供的第二个主要业务就是帮助顾客企业选拔领导者，这是决定一个企业发展的头等大事（图 6-7）。在这个业务领域，国际维度发展公司的核心理念是"Hire and promote the leaders your business really needs"，即"招纳和晋升你的企业真正需要的领导者"，其建构的方法是基于西方文化进行的。而关于这个方面的内容也可以参照《六韬三略论管理》当中的论述，我们在《六韬三略论管理》当中对此进行的大量论述是基于中国文化展开的。事实上，如果能够基于中国文化与西方文化的融合来解决企业领导者选拔的问题，那就相当于是把最好的"传统"与最新的"现代"进行了最有效的"对接"。

国际维度发展公司的研究人员认为，现代企业花费了太多的成本却招纳到了很多根本不称职的领导者，使用他们和晋升他们对于企业的发展将会带来很多不利的影响。所以必须要扭转这种局面，结束糟糕的决策，去寻找和培养合适的领导者以有效地驱动企业的绩效发展。

为此国际维度发展公司能够帮助顾客企业做的事情包括五个方面。

图 6-7　基于企业需要选拔优秀领导者

6.6.1　界定成功

如何才能成功地把企业的领导者与企业有机地连接在一起呢，这可是确保企业成功的关键。国际维度发展公司认为，其可以帮助企业的一点是，"国际维度发展公司将与你一起工作共同创建一个可以实现你最重要战略的路线图，然后基于此确定那些可以界定你的领导者是否成功的元素，并把它们回过头来与你的企业连接在一起"。"我们帮助您确定在您的组织当中领导者必须克服的关键业务挑战以成功地执行您的战略和文化的优先事项。它可以通知您关于您的组织的领导者为了成功而应该具备的能力、经验、知识、对于个人的要求等。"

分析以上两句话我们从中至少可以看出两个要点，一是要把领导者的成功与企业的战略目标与战略路线图紧密的关联在一起。如果企业的战略目标非常清楚，企业战略发展的路线图非常清晰，则一个企业应该拥有和应该培养什么样的领导人的思路也会就此明确。也就是说，为了企业战略目标的实现而培养领导人的能力是一个正确的选择，为了培养领导人而培养领导人却不知为什么培养领导人和培养领导人什么那就会给企业的发展带来失败。

二是要找到企业战略和企业文化发展的关键元素，然后再依据这些元素去判断和培养领导人相关的能力、经验、知识，并提出对于领导人个性化的要求。

6.6.2　助力人才选择

在企业人才管理过程当中，从吸引和招聘最好的人才到快速地、有效地进行入职培训，需要一个高影响的和高效率的路线图，有了这样一个路线图就可以帮助企业选择优秀的人才候选人进入企业人才管理的漏斗（图 6-8）。这个漏斗从人才的测试（Testing）到人才的面试（Interviewing）再到人才的吸收和培养，能够真正地帮助企业找到想要的和需要的人才。

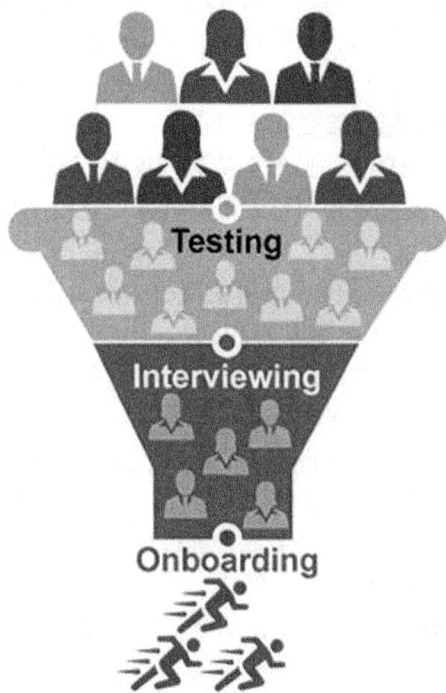

图 6-8　人才漏斗示意图

国际维度发展公司在第二个业务模块当中能做的第二件事情就是帮助顾客企业直接规划和设计人才选择的路线图，它又包括四个方面的具体内容：第一个方面是定义成功所需的能力、经验、知识和个人属性；第二个方面是部署高影响力的自动化诊断和测试以推动规模和效率；第三个方面是完善面试过程并选择最聪明的领导；第四个方面是装备所选领导让他立即与员工打成一片。

首先，看一下第一个方面的工作，即定义成功所需的能力、经验、知识和个人属性，国际维度发展公司在这项工作的核心理念是，"用成功配置文件把企业的人才与企业的业务连接起来"。为此，国际维度发展公司把这个工作分成了四个步骤。

（1）计划。"通过周密的战略规划，我们将帮助您避免陷入使许多组织无法实现他们全面预期人才计划的陷阱"。这个步骤包括几个重要的细节，如分析关键利益相关者（高级领导、员工、管理人员和人才管理）的独特需求，为如何实施设定明确的目标，完善监测进展的方法等。

（2）设计。"你告诉我们你想去哪里，你的商业目标是什么，然后我们会告诉你如何制定一个互补的人才战略。""我们与您一起工作，共同收集数据，建立能力模型并对它们进行验证。我们可以构建整体的成功配置文件，它们不仅结合了相关的能力，而且还包括在工作过程当中所需的经验、知识和个人属性，如果其个人属性与企业的目标完全匹配，则可以允许他们保有更大的特异性。"

（3）实施。国际维度发展公司可以在顾客企业成功配置文件作为综合人才管理的基础上去帮助顾客企业把它们变成员工现实的行动，让员工们理解这种相关性，知道它的好处，并且愿意接受和使用它们。

（4）优化。如果没有问责、监督和持续的维护，即使是最好的成功配置文件也将失败。为此国际维度发展公司可以帮助顾客企业快速检测技能差距并且在战略上调整无缝适应的改变。

国际维度发展公司针对这件事情所使用的工具和方法就是"success profiles system"（成功配置文件系统），其优点包括：

● 它是一项综合性的工作分析和胜任特征建模系统，可以让顾客企业快速、准确地识别成功的工作绩效所需的能力和动机。

● 它的卡片分类过程有利于成功建立档案，并且装备企业组织中的个人，使他们可以提高工作的效率和完善工作的效果。

● 它的导航功能可以为其自动生成管理过程，使顾客企业能够快速地创建、更新准确的有法律依据的岗位胜任力模型。

● 它的基础功能可以提供专业人才管理实施所需的必备技能，并在企业管理过程中成功进行配置。

其次，看一下第二个方面的工作，即部署高影响力的自动化诊断和测试以推动规模和效率，国际维度发展公司认为这项工作的核心理念是，"以各个方面的测试去区分未来的高绩效工作者"，为此应该在企业正式开始选择人才之前增加一个"预就业筛选"的测试，这样做的好处如下：①有助于做出最好的雇用选择。有着高分的候选人可以更快地进入角色，更有可能成为高绩效的工作者。②可以提高过程当中的效率。"预就业筛选"可以帮助企业快速地选出最合格的候选人，这意味着顾客将组织更少的面试和花费更少的雇用选择时间。③有利于留住人才。结果准确的候选人更有可能致力于他们的工作而且会在这个工作上待的时间更长。④可以提供一个更加完整的图片。"预就业测试"针对候选人的优势和劣势可以提供一个客观的、全面的看法。测试数据还可以用于人才培养和人才发展计划。

国际维度发展公司可以针对企业不同的人员提供多样化的"预就业测试"，我们不妨以其中的两类人员为例，其中第一类人员是企业的领导者，这个测试可以针对他们进行的内容包括领导准备状况评估、领导洞察力调查（中层领导）和领导职业生涯潜力测试（入门级领导）。第二类人员是企业的销售人员，针对销售人员可以进行测试的内容包括销售准备评估、销售洞察力调查（咨询销售）和销售人员职业生涯潜力测试（交易型销售）。

再次，看一下第三个方面的工作，即完善面试过程并选择最聪明的领导，国际维度发展公司在这项工作上的核心理念是，"建立世界上最精确的行为面试系统"，具体要求就是"有针对性地选择"。

国际维度发展公司认为，有针对性地选择项目可以培训招聘人员和招聘经理用一个合法的方式去收集关于应聘工作者相关的数据。此外，有针对性地选择还可以发展所需的技能以评估和整合面试官收集的数据，从而可以做出最好的决定。具体说来"有针对性地选择"可以帮助企业做到以下几个方面：①可以驱动更好的聘用决定并收集和分析候选人详细完整的数据，包括他们的知识、经验、能力和个人的激励因素。②为求职者提供一个更具吸引力的面试经验，吸引他们加入并提高成功率。③可以降低员工流失率 30%~50%。④可以为新雇员的生产力加速时间。⑤确保企业行为面试过程是公平的和合法的。

国际维度发展公司在这个方面可以提供的内容包括有针对性地选择项目管理、有针对性地选择培训机会和有针对性地选择认证机会。

最后，看一下第四个方面的工作，即装备所选领导让他立即与员工打成一片，这项工作的核心理念是，"加快新进人员的融入速度，缩短他们的生产力加速时间"。

国际维度发展公司认为，现代企业组织越来越意识到获得新员工所需的巨大投资，除了招聘的初始成本以外，还有机会成本会在融合期上升，新员工比他们更有经验的同行缺少生产效率。为此国际维度发展公司设计了一个"Strong Start®"（良好开端系统），它有助于最大限度地提高组织的人力资本投资效率和减少招聘（内部或外部）的风险。这个系统可以用一个简单的逐步进行的方法协助领导加速新员工入职和融入的时间，它可以帮助领导人获得快速过渡新员工进入角色的技能，同时还可以让新员工尽快融入企业的组织文化当中。

6.6.3　预测绩效

如何选择和提升最好的领导者呢？借助数据驱动形成的洞察力可以确保企业的外部招聘和内部提升能够基于公司最看重的能力和结果而进行。国际维度发展公司通过领导者的途径持续进行的诊断选项可以同步关注当代商业问题，并简化企业的流程，优化企业的结果（图 6-9）。

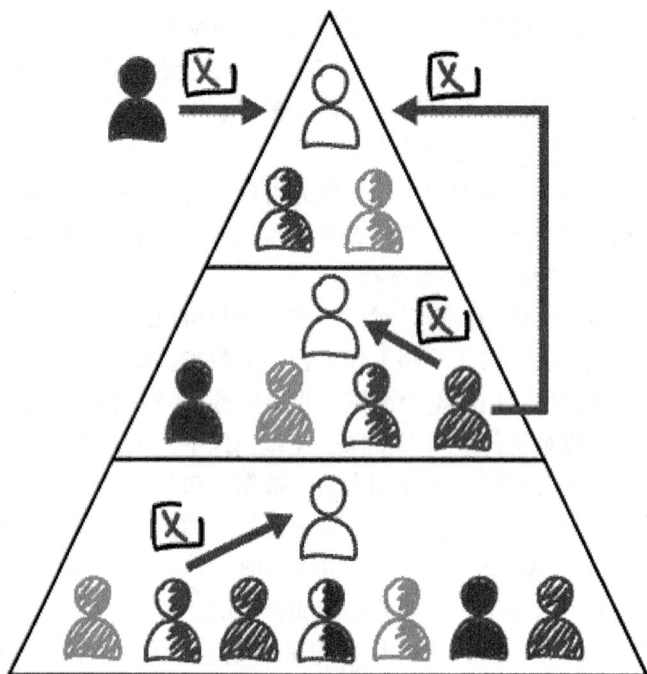

图 6-9　人才选择示意图

　　国际维度发展公司在这个方面可以帮助顾客企业的具体如下：

　　• 结构化的行为面试可以武装企业招聘经理的工具箱，可以培训他们并使他们获得能够进行完美面试和解释关键候选人信息的技能。

　　• 可扩展的、高影响的自动化测试可以驱动效率。

　　• 引人注目的虚拟领导评估可以专门帮助企业识别、选择一线和中层领导，并发展这些关键角色。

　　• 灵活的以网络为基础的多反馈系统可以检测个人或团体的优势及其发展的需求。

　　• 在所有领导层中以模拟为基础的评估可以确定他们的优势、差距以及成为领导人将面对的挑战。

　　• 强化"生命中的一天"的首席执行官评估方法可以模拟企业的 C 层领导并且识别企业的领导者是否做好了成为 CEO 的准备，以及为此要做哪些方面的准备。

6.6.4　让领导者很快到位

　　借助国际维度发展公司前面设计的内容，一个企业新加入的领导者将会很快进入自己的角色，迅速地把他们的时间和技能贡献于公司的挑战并迅速融入企业的文化（图 6-10）。

图 6-10　人才尽快进入角色示意图

6.6.5　预测未来

国际维度发展公司认为，运用商业和领导者分析就可以预测未来（forecast the future）。在这个方面，国际维度发展公司超越度量提供的业务和领导者的投资回报率（return on investment，ROI），借助更深的见解和数据驱动的智慧，可以对企业的未来做出有信心的人才决定。"领导者人才分析和测量系统"是集成了所有国际维度发展公司的评估和发展方案进行的，它可以基于顾客企业的重要业务为其提供让人才举措更好的决策。

"领导者人才分析和测量系统"可以帮助企业做到以下五个方面：①在企业领导者途径水平之内或之间确定和减少人才的差距和风险。②理解未来的人才和战略之间的不匹配。③用正确的数据让高管调整或重新组合人才战略以为企业战略服务。④评价一个项目对参与者的反应、学习、行为以及组织层面指标的影响。⑤通过加强项目的推动者和减轻限制因素优化诊断的机会。

其中针对领导者分析的内容也包括五个方面，它们分别如下：①把顾客企业的人才与行业内同行公司的人才进行比较。②设计顾客企业整体领导和人才准备与企业的业务驱动程序相匹配的"仪表盘"。③从领导者评估到绩效和人力资源指标数据关系的文件分析它们的影响。④在企业领导者的途径上分析缺口或预期的挑战。⑤在"是否是什么"的情况下分析项目人才准备的组织绩效目标、模型或方案、影响因素和人才指标。

6.7　国际维度发展公司的主要业务和商业模式之三：领导力发展

国际维度发展公司认为，事实上我们也这样认为，一个企业的领导者是决定这个企业战略能否实现的关键变量。但在多数情况下，一个企业的领导者培养和领导者能力发展往往与这个企业的战略目标并不完全匹配，这就导致了可怜的执行效果。如何做才能确保一个企业不仅可以培养出众的领导者，而且可以取得一致的、长期的行为改变以坚定地支持企业的战略发展呢，国际维度发展公司认为应该加强以下五个方面的工作。

6.7.1　界定成功领导者的样子

国际维度发展公司的研究认为，只有10%的企业组织感觉其领导者能力发展支持了公司的战略目标，而国际维度发展公司开发和设计的独特方法可以帮助企业识别优势并把它们转化为能力、知识、责任和领导者需要借助成功的经验。如此就可以把领导者的能力和公司的业务密切关联起来。为此国际维度发展公司开发和设计的独特方法就是"商业驱动系统"（business driver），这个系统可以帮助顾客企业做好以下几个方面的事情：①把企业组织的战略需要和企业的人才举措连接起来。②锚定企业最关键的人才缺口和解决方案以此来填补他们的目标。③集中管理企业领导者在今后几年当中将面临的几个最关键的挑战。

国际维度发展公司的"商业驱动系统"过程包括：①通过快节奏的和积极参与的关键高级利益相关者的会议以界定出几个最重要的领导者优先事项。②清晰地把企业战略和文化的优先事项与企业领导者的成功配置文件连接起来。③确认企业独特的业务驱动程序。

6.7.2　找到优势和不足

国际维度发展公司认为，通过诊断领导者的能力可以知道"谁已经准备好了"、"谁还没有准备好"及"谁能够准备好"。而有了更好的智慧就可以找到企业领导者的优势和差距，如此就可以创造更多的重点发展举措。对于企业的领导者而言，来自评估反馈的令人信服的见解可以成为他们改变的催化剂并使开发更加个人化和有意义。

6.7.3　从不同的层次去开发

国际维度发展公司认为，从所有层次开发领导者能力的公司要比那些只发展一个或两个级别领导者能力的公司更能获得财务上的成功。从各个层次上开发领导者的能力可以为组织创造一个共同的领导者语言，并确保在企业需要他们的时候能够有足够的正确的领导者供应（图 6-11）。

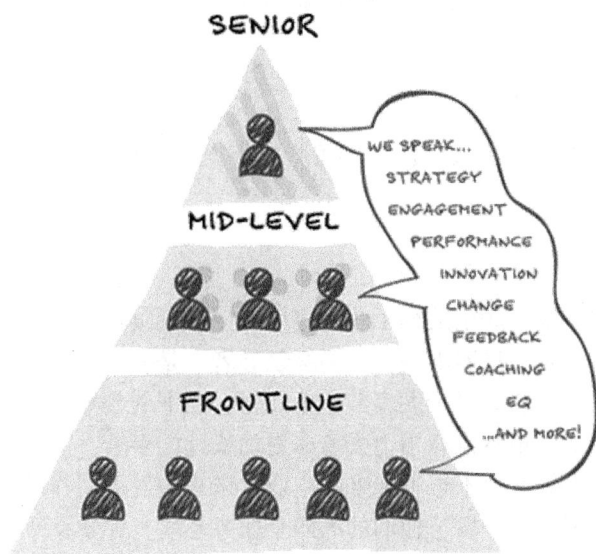

图 6-11　多层次人才开发示意图

6.7.4　设计正确的方案

一个企业如何才能设计正确的方案（design the right solution）呢？这里的关键节点在于企业战略、部门目标和领导者个人目标的交汇。最好的办法就是创造最好的学习经验，它既应该与企业相关又可以确保学习者有能力从事自己的工作。

国际维度发展公司认为就这一点可以帮助顾客企业，"您可以为您的领导设计、定制并提供最佳的学习机会，它将融入我们屡获殊荣的内容和学习加固工具，同时还可以跨越多个技术支持的方式。通过与国际维度发展公司的合作，我们可以借助有效的微课程、模拟、游戏、应用工具帮助企业注入你的领导力发展计划"。

6.7.5　驱动和测量影响

如何看待领导力发展的培训效果呢？在通常情况下，解决方案被选中是因为它们是值得关注的问题，而不会去考虑整体设计和需要产生持久的变化。这并不奇怪，因为只有百分之十五个他们在训练中所学到的东西可以得到应用，这就足以帮助他们提高绩效。国际维度发展公司认为，如果一个企业能够与国际维度发展公司合作，"您就可以粉碎遗忘曲线，持续学习和发展，通过你的努力成果证明关键利益相关者的底线"。

6.8　国际维度发展公司的主要业务和商业模式之四：继承性管理

根据我们的理解，所谓的继承管理也可以叫做延续性领导者管理，它的目的是为企业的可持续发展培养下一代的高级领导者，是一个有远见的企业为未来所做出的最有价值的投资。对于大多数企业而言，当下的领导者培养还没有完成或是完成得不好，所以根本没有精力去考虑更加长远的事情。但是持有这样思想的企业，或者眼下没做好也不思考未来的企业，未来的发展同样堪忧。针对这种状况，国际维度发展公司开发了他们的第四个业务模块，那就是帮助顾客企业尽快做好未来领导者培养的工作以随时准备面对未来的挑战。为此需要做的工作主要包括六个方面。

6.8.1　建构成功

建构成功（architect success）其实就是建构未来领导者的成功定义，国际维度发展公司的做法就是首先界定顾客企业的企业优势，然后把它们分解成技能、知识、态度以及领导者成功所需要的经验等。

关于这个方面的具体做法前文中已经有所描述。

6.8.2　放大潜能

放大潜能（magnify potential）也就是要加大对于未来领导者培养的投资，在此之前要做的工作就是清楚地界定出一个领导者的最大潜能到底是什么。国际维度发展公司的观点认为，一个企业未来的领导者很有可能就隐伏在企业组织当中，必须采用专业的方法把这些人找出来以便于培养（图 6-12）。"我们确保为了您的企业能够持续地获得多样化的胜任未来的领导者而帮助您建立一个强大的可持续的通道，包括提供一个在线的工具，它可以测估当下领导者的绩效表现以及未来领导者的潜能，以及一个基于模拟的领导者能力评估经，它可以识别领导者的优势和能力上的不足。"

图 6-12　放大潜能示意图

6.8.3　诊断准备工作

诊断准备工作（diagnose readiness）就是评估领导者可以行动的能力，"你的企业组织需要一个领导者准备情况的快照，一个基于深入洞察力而得到的关于你的领导者和他们所具有的能够帮助企业加快培养他们能力的认识"。

关于这个方面的具体做法也可见前文中的相关描述。

6.8.4　加快发展

加快发展（accelerate development）就是激励领导者更快地成长，为此要将领导者的培养和发展放在快车道上，要确保经验学习和教练支持正确地结合。"当你的企业有了正确的组合以后，你就可以更迅速地准备你的中层管理人员和高层领导，从而能够帮助企业组织更好地面对未来的挑战。"

6.8.5　转换和晋升 C 层高管

转换和晋升 C 层高管（transform c-level transitions）其实就是要解决高管晋升的问题，一个企业要成功地实现继承性的发展，就必须确保风险性最高的首席执行官和其他首席角色顺利晋升和转换。国际维度发展公司在这个方面能够帮助顾客企业"获得更好的数据，做出更好的决策，走出一条清晰的路径，为了企业未来更好的发展把应该提升的领导人顺利地提升到最高领导的职务上"（图 6-13）。

图 6-13　人才提升示意图

6.8.6　驱动影响

驱动影响（drive impact）就是要应用业务和领导分析，"超越指标连接到您的业务上以提供业务和领导者的投资回报率。借助更深的见解和数据驱动的智慧，对你的未来做出有信心的人才决定"。

第 7 章　双 H 房地产服务公司的企业
文化与商业模式

与前面的 JJ GUMBERG 公司与 Campos 公司一样，双 H 公司也是一家以创始人命名的企业，这家成立于 1957 年的公司，其创业企业家的名字就叫做 "Howard Hanna"，其中，"Hanna" 是他的 "后名字" 也就是我们中国人所熟悉的 "姓"，"Howard" 是他的 "前名字"，也就是我们中国人所说的 "名"。我们前面讲过，在美国像这种以人的名字命名的企业非常多，而且它们多数都是家族企业。

因为公司 CEO 的姓与名当中都有一个 "H"，而且它们所从事的行业又与 "Home" 有关，所以这家公司对于 "H" 这个字母情有独钟，在定义公司的性质时也是选择了有 "H" 开头的三个单词，"Home Happens Here"，即 "你的家就在这里"。原计划与我们面谈的是公司的第二代企业家，他的名字叫做 Hoddy Hanna，同样是两个 "H"；Howard Hanna 先生有三个孩子，除了 Hoddy Hanna 以外，还有两个女儿，她们也工作在 Howard Hanna 公司里，其中一个叫做 Helen Hanna，也是两个 "H"；在 Howard Hanna 五个孙子辈当中，有一个叫做 Hoby Hanna 的，还是两个 "H"，而且他是第三代当中唯一的一个男孩，很有可能就是下一任的公司 CEO。除此之外，Howard Hanna 还有五个外孙辈，以及十七个重孙辈，这真是一个有趣的大家庭，也是一个有趣的家族企业。基于他们家族对于 "H" 的喜欢，也为了大家便于记忆这个公司，在下面的著述过程当中我们就直接称呼这个企业为 "双 H 房地产服务公司"。

"双 H 房地产服务公司" 是一家本地拥有和国家认可的房地产服务企业，它的发展理念就是在客户需求的驱动下为客户提供无与伦比的优质服务，经过 60 年的发展，这公司已经成为美国排名第四的房地产服务公司。我们的美国朋友李凯迪（Katie Rae Swanson）说她们家的房子就是 "双 H 房地产服务公司" 的本地代理帮助购买的，"它们有 200 多个办事处，服务很好，是一个巨大的公司"。

针对本章，作者的安排如下：7.1 节介绍双 H 房地产服务公司的基本情况、公司的重点业务以及三代 "双 H" 领导者的经历和特点。7.2 节介绍双 H 房地产服务公司的"企业使命"、"企业愿景"和"企业价值观",这家公司在企业文化建设方面最大的特点就是把企业的价值观融入"企业愿景"当中,而且它们所设计的"企业愿景"有七条之多,对于现实的工作具有很强的指导意义。7.3节介绍双H房地产服务公司的两大经营特色,即"一站式购物"和"百分之百的退款保证",并且分析双H房地产服务公司在帮助客户买房子和卖房子方面的具体优势。7.4节详细介绍双H房地产服务公司的具体业务及其运营特点。它们的业务除了抵押贷款服务、律师咨询与服务和保险服务以外,还包括物业管理服务、搬迁服务、商业房地产服务和特许经营。双H房地产服务公司运营方面最大的特点也是公司最大的竞争力在于,"为每一个客户提供无与伦比的、创新的、全面的房地产服务,并与他们建立一个终身的关系"。在这个思想的指导下,双H房地产服务公司不仅会和客户建立终身的关系,而且还会与客户的房子、客户的孩子都建立终身的关系。基于这一点双H房地产服务可以做到,"只要我们在,我们为客户和客户的家人所提供的世世代代的服务就在"。

7.1 双 H 房地产服务公司的企业情况与三代"双 H"企业家介绍

7.1.1 双 H 房地产服务公司的企业情况介绍

前文提到过,双H房地产服务公司是一家本地拥有和国家认可的房地产服务企业,它始成立于1957年,创始人是Howard Hanna和Anne Freyvogel Hanna夫妻。Howard这个名字是中国人非常熟悉的,把它译成汉语就是霍华德;他的妻子名字叫做Anne Freyvogel,按照美国人的传统女人嫁到夫家以后就不能再用自己的姓了,而要改用夫家的姓,像美国知名女士希拉里的姓就是克林顿一样,Anne Freyvogel结了婚以后她的姓也就变成了Hanna。这一点很像中国过去的传统,女人嫁到夫家以后,原先姓王的,嫁给姓李的就变成了李王氏,不过那时的中国妇女比美国妇女还要惨,连名字都没了。但是现在的美国社会已经不像过去那样严格了,据美国当地的朋友讲,现在女人成婚以后也不是非要改姓,"你可以选择改,也可以选择不改,改与不改自己决定",有很多喜欢独立的女性她们就不愿意随夫家姓。"改了姓还得重新办理身份证,太麻烦了",作者的美国朋友戏称,好在她嫁的是一个西班牙老公。

双H房地产服务公司成立之初只有一间小小的办公室,这有点像中国现在的很多房屋中介,不过双H房地产服务公司好在还有一间办公室,我们的很多房屋中介甚至连一间房子都没有，与人合用一个屋子，然后摆上一张桌子和一把椅子，再装上一台电脑和一部电话，这就开张了也营业了。如果看一看双 H 房地产服务公司现在气派的四层办公大楼，或许也可以帮助我们这些小小的房屋中介公司竖立一个做大做强的坚定目标。

成立名为双 H 房地产服务公司的企业以后，这个家族的生意被整合为一个快速增长的发展模式，公司发展到今天已经有 60 年的历史，老一代的创业者 Howard 和 Anne 的三个孩子，即 Hoddy Hanna、Helen Hanna 和 Annie Hanna 也已经变成了充满智慧的长者。家族的第三代五个孩子分别是 Annie Hanna Engel、Hoby Hanna、Kelly Hanna Riley、Duffy Hanna 和 Dennis Cestra，Jr.，也都已经长大成人，并且开始在公司当中效力，家族的传统很好地在他们之间进行着延续。"通过这些年来的努力，我们已经成长为我们所服务市场的顶级房地产公司。随着这一成功，我们也将继续坚持我们的企业使命。正是基于这种简单的哲学和我们工作的特殊的人群，我们拥有成功的过去，也将拥有更加成功的现在和更加美好的未来。""双 H 房地产服务公司专业从事住宅、商业、抵押、所有权和保险经纪服务，通过我们分布在宾夕法尼亚州、俄亥俄州、弗吉尼亚州、密歇根州、纽约州、西弗吉尼亚州、北卡罗来纳州和马里兰州的 200 家办事处，现在已经拥有超过 7 000 名的销售人员和工作人员。"

7.1.2　三代"双 H"企业家介绍

根据前面的分析，大家可以知道在这里我们要介绍的三代企业家他们的名与姓都是以大写的"H"开头的，所以我们称呼他们为"双 H"企业家。其中第一代企业家是 Howard Hanna，事实上他的全名应该是 Howard W. Hanna，Jr.，第二代企业家是 Hoddy Hanna，而他的全名应该是 Howard W. Hoddy Hanna，III，第三代企业家还没有掌权，他是 Hoby Hanna，全名是 Howard W. "Hoby" Hanna，IV。

首先来看一下颇具传奇色彩的第一代企业家 Howard Hanna 的情况，这位老霍华德先生在第二次世界大战当中曾经担任过美国与英国军队的联络官，战争结束以后他和妻子 Anne Freyvogel Hanna 开始涉足房地产和股票交易，并在 1957 年于宾夕法尼亚州匹兹堡市创立了双 H 房地产服务公司。他的妻子曾经在住房建筑商协会工作过，所以有经营这个行业的经验，而他也在在匹兹堡大学拿到了学士学位和硕士学位，掌握了丰富的企业管理知识。正是凭借在房地产所有领域 62 年的工作经历和运营经验，他带领自己的家族把公司做到了美国排名第四的房地产服务公司的位置。

前面我们说过，老霍华德先生有三个孩子，他们都工作在自家的企业里，其中 Hoddy Hanna 担任董事会主席和首席执行官，Helen Hanna Casey 担任房地产经纪公司总裁兼首席执行官，Annie Hanna Cestra 担任房地产业务的执行副总裁兼首席执行官。此外，老霍华德先生还有 10 个孙子和孙女，以及 17 个重孙子和重孙女。

其次来看一下现在当家的第二代企业家 Hoddy Hanna 先生的情况。在他们公司的网站上是这样介绍 Hoddy Hanna 的，即公司董事会主席和美国排名第四的房地产公司的首席执行官，他是一个有着坚定的决心和完整性的领导，带领第二代和第三代的霍华德家族成员每天忙碌在公司的运营当中。

事实上，在十八岁的时候，Hoddy Hanna 就得到了他的房地产服务证书，从那时起就跟随他父亲的脚步开始了房地产的职业生涯。在最初的时候，他只是作为老霍华德先生的一个周末销售助理，随着公司业务的扩大和多样化的发展，并且在老霍华德先生的帮助下，他迅速成长为一个在房地产界和行业里有着重要影响的领导者。他因为注重创新而在行业里著名，并且一直被称为是一个有思想的人，是一个充满活力和魅力的领导者。在他的领导下，双 H 房地产服务公司是最早在国内推出每周一次在电视节目上展示上市出售房屋的公司，也是全国唯一一家可以提供"100%退款保证"的房地产企业。

满怀热情、充满自信、坚守诚信地追求不断领先的销售目标，为 Hoddy Hanna 带来了众多的荣誉，获得了包括美国国家遗产奖、美国国家置业奖在内的无数的奖项，并成为宾夕法尼亚州的"年度人物"，英曼新闻还把他加入了"最具影响力100 人"的名单。

Hoddy Hanna 和他的妻子每年会住在宾夕法尼亚州、佛罗里达州以及那不勒斯，他们有五个孩子，并且是十五个孙子和孙女骄傲的祖父母。

最后来看一下肩负着伟大任务的第三代企业家的候选人，Hoddy Hanna 五个孩子当中的唯一的一个男孩 Hoby Hanna 的一些情况，通过对他的介绍我们也可以看出美国家族企业对于未来继任者的培养轨迹和良苦用心。Hoby Hanna 现在是双 H 房地产服务公司在美国大湖地区的总裁，指挥着双 H 房地产服务公司在俄亥俄州、密歇根州和纽约州的业务。为了确保公司在该地区的卓越声誉，他每天都会与公司的客户、办公室经理和销售人员一起努力地工作。此外，他还负责土地开发业务与双 H 房地产服务公司的按揭服务、保险服务，以及物业管理服务。他一直在与公司同步成长，并且为了更快地成长而全面地参与公司的各种业务管理。

7.2　双 H 房地产服务公司的企业使命、企业愿景和企业价值观

7.2.1　双 H 房地产服务公司的企业使命

Howard Hanna 和他的儿子 Hoddy Hanna 两代企业家共同打造了双 H 房地产服务公司的"企业使命"和"企业愿景"。

其中他们公司的"企业使命"是这样描述的。

"我们是一个可以提供全方位服务的房地产家族公司,我们的使命就是要提供最好的房地产、抵押贷款、所有权和保险服务。我们每一天在每一笔交易中都会非常努力地工作,以反映我们公司、我们自己和彼此之间的骄傲,并让我们所服务的人民和社区因为我们而骄傲。通过我们的知识、诚信和创新,我们愿意帮助我们的客户去实现他们的美国梦想。"

分析一下这个"企业使命"可知,它是一个内容很充实描述很具体的"企业使命",不仅从内容上界定了公司的经营范围和重点业务,而且还介绍了如何实现这些业务应该持有的态度和主要的目标。它不仅能够清楚地告诉客户公司要做什么事情,而且还可以非常明白地告诉员工应该如何去做事情。

事实上,在本书的姐妹篇《美国杰出公司企业文化研究》一书当中,我们曾经得出过这样的结论,即"企业使命"对于任何一个企业而言都是非常重要的命题,因为它要回答的是一个企业应该"成为什么样的企业"和"避免成为什么样的企业"这一根本性的问题。一家企业如果能够提出明确的企业使命,那就说明这个企业已经找到了清晰的发展方向,明确了自己的发展重点;而如果一家企业没有明确的企业使命描述,或是提不出清楚的企业使命界定,那就说明这个企业还不够成熟,这个企业的发展方向还不够稳定。一时如此不会影响大局,长期如此则必然会影响企业的全面发展。

在《美国杰出公司企业文化研究》一书当中,我们还曾经专门有一章深度研究美国十家杰出公司的企业使命。在那些公司当中首先没有一家企业在其企业文化体系当中少了针对"企业使命"的界定,此外它们的界定几乎终其百年或者两百年不变,由此足以证明企业使命对于一个企业有多么的重要。

7.2.2　双 H 房地产服务公司的企业愿景与企业价值观

双 H 房地产服务公司的企业愿景被描述成了七个方面，这七个方面的"愿景"看上去既像是具体的目标，更像是系统的价值观描述，对于公司日常的和长远的工作都具有非常重要的指导价值。这七个方面的具体内容分别如下。

（1）在我们服务的每一个市场当中都要力争被公认为是最优质的和最专业的房地产服务公司。

（2）为每一个客户提供无与伦比的、创新的、全面的房地产服务，并与他们建立一个终身的关系。

（3）在公司内培养学习、团队合作、相互尊重和追求卓越的个人成就的企业文化。

（4）给那些不太幸运的人提供可以带来更好生活质量的时间和资源。

（5）迎接变化和拥抱多样性。

（6）培育公司与员工的最佳财务成长与稳定。

（7）在我们所做的一切当中保持领导和服务的完整性、自豪感和热情。

下面我们针对这七条内容逐一进行解析。

（1）第一条内容是最能代表公司"企业愿景"的描述，很多公司在提炼他们的"企业愿景"时有此一条已经足够了，而且其追求的意向够远大、够有气势，"在我们服务的每一个市场当中都要力争被公认为是最优质的和最专业的房地产服务公司"。如果把这个思想用在其他行业的企业里，可以类推为多种"企业愿景"的描述，而且同样是有远见和有霸气的描述方式。下面我们就把本书中前文提到的六家公司代入这个描述模型里看一看它的气度"在我们 Ohtot 公司服务的每一个市场当中都要力争被公认为是最优质的和最专业的预测咨询服务公司"；"在我们美食公园餐饮公司服务的每一个市场当中都要力争被公认为是最优质的和最专业的餐饮服务公司"；"在我们 JJ GUMBER 公司服务的每一个市场当中都要力争被公认为是最优质的和最专业的商业物业服务公司"；"在我们 Campos 公司服务的每一个市场当中都要力争被公认为是最优质的和最专业的战略与品牌咨询服务公司"；"在我们路桥资本公司服务的每一个市场当中都要力争被公认为是最优质的和最专业的中小企业融资和教育服务公司"；"在我们国际维度公司服务的每一个市场当中都要力争被公认为是最优质的和最专业的领导力服务公司"。

当然，这样一个"企业愿景"可不是随便拿来说说的，它不是给自己壮胆也不是要吓一吓竞争对手，而是一个实实在在的足够远大的目标，同时也是一个实实在在的对自己公司发展提出的很高要求，有了这样一个要求企业的一切工作都必须围绕这个目标开展，同时在工作开展的过程当中所有的人员都不能做出任何一点可能会损伤这个目标的事情。否则就不可能是最专业的公司，也不可能提供最优质的服务。

（2）分解一下第二条的内容可知，"为每一个客户提供无与伦比的、创新的、全面的房地产服务"这句话是对前面第一条的补充，同时也可以把这句话视作第一条目标借以实现的路径。"并与他们建立一个终身的关系"这句话则体现出了双 H 房地产服务公司的经营特色，即一经服务，终身跟踪服务；一经成为客户，永远让他成为我们的客户，甚至是他的子孙万代都要成为我们服务的对象。这是典型的放长线钓大鱼的思想和做法，是高明之举，后面我们还会结合双 H 房地产服务公司的具体业务进一步深度解读这个思想的影响力。

在现实生活当中，很多企业为了谋求一时之发展，不惜使用一切可能之方法去对待顾客，之前是笑容满面、笑逐颜开、笑容可掬，而一旦从顾客手上拿到了钱以后就置之不理、弃之如敝屣，完全判若两人。这真是一种短视的行为，这样的企业也不可能做得长久。如何才能做得既长又久而且还一直很成功呢，双 H 房地产服务公司的这个愿景就是最有力的武器，它绝对是一个杀手锏，可以管用一万年。怎样才能做到"与他们建立一个终身的关系"呢？这就首先要求第一次服务能够让他们满意，否则就没有了建立终身关系的前提。其次要求你真心实意地为他们着想而不只是一味想着如何从他们身上赚钱，赚钱是一定的，但要让他们心甘情愿地掏钱才行，为此就要以真心换真心，以真情换真情，以实际的行动去帮助他们。这个思想就是我们在《六韬三略论管理》当中提炼的也是我们在前面多次强调的"君子利人而后利己"的高端企业经营理念。

（3）双 H 房地产服务公司的第三个"企业愿景"更像是这个公司的企业价值观体系，在这个体系当中强调了四个方面的价值观，那就是"注重学习"、"团队合作"、"相互尊重"和"追求卓越"。这四个价值观无疑都是优秀的企业文化内容，都是有用的企业管理理念，它不仅仅可以指导做事的原则，而且还可以指导做人的方法。我们以其中的第一个价值观为例做一点分析说明，即个人注重学习可以提高个人的能力并从而提高个人的绩效表现，组织注重学习可以提高全体员工的能力并从而提高组织的绩效成果，个人的学习在于自觉自悟，组织的学习必须由组织去组织和推动。这是一个"易懂难为"的道理，它能带来的好处是无限量的，可是却有太多的人做不到，太多的企业不去做，这就如同"抱着金饭碗去讨饭"一样，原本可以是宝贵身却最终闹了个贫贱命。而一旦哪个人想清楚了且做到了他就一定会成功，哪个企业的企业家想清楚了而且也让他的企业做到了他和他的企业成功就被装上了最大的保险。

"团队合作"的理念源自于"团结就是力量"，"相互尊重"是建立相互支持与信任的基础也是团队合作的前提，"追求卓越"不仅是个人的目标也是公司的战略，这些也都是"易懂难为"的道理，而难为的原因之一就是"不为"，其实只要"去为"就会有所"作为"，心动就要行动，只要行动就一定能够开花结果。

（4）双 H 房地产服务公司的第四个"企业愿景"事实上我们并没有太看懂，道理很容易懂，不懂的是双 H 房地产服务公司将如何去做。看一下"给那些不太幸运的人提供可以带来更好生活质量的时间和资源"这句话可知，这应该是一个高尚的理念，一个公司如果能有此理念已然让人起敬，而如果能够把这一理念变成现实的行动和现实的结果同时还能促进企业发展的话，则这样的公司就不仅仅是让人敬了，而应该是让人服，让人服得五体投地。

（5）双 H 房地产服务公司的第五个"企业愿景"之拥抱多样性是美国杰出公司的普遍做法，在本书的姐妹篇《美国杰出公司企业文化研究》当中我们还为此专门开辟了一章介绍这个方面的内容，并且深入地论述了这种"迎接变化和拥抱多样性"思想对于一个企业之人才管理和创新管理的巨大促进作用。

（6）双 H 房地产服务公司的第六个"企业愿景"是"培育公司与员工的最佳财务成长与稳定"。这是一个公司最基础的追求，也是一个企业针对愿景介绍最为常规的描述。基础的和的常规的往往是最重要的。

（7）双 H 房地产服务公司的第七个"企业愿景"看上去更像是企业领导者对自己提出的要求，这个要求又包括三个方面的内容：第一个方面是要"在我们所做的一切当中保持领导和服务的完整性"，它的主要意思就是要说到做到，要表里如一，要前后如一，要始终如一。第二个方面是要保持对公司的自豪感，这正如前面企业使命当中所描述的那样，"我们每一天在每一笔交易中都会非常努力地工作，以反映我们公司、我们自己和彼此之间的骄傲，并让我们所服务的人民和社区因为我们而骄傲"。第三个方面是要保持热情，热情就是最好的动力，热情也是可以感化和团结员工的催化剂，它是个人和组织成功的最大的也是最好的力量源泉。

7.3　双 H 房地产服务公司的经营特色

双 H 房地产服务公司的商业模式通过公司经营的两大优势和特色得以顺利推动，这两大特色其中之一是"一站式购物"，其中之二是"百分之百的退款保证"。

"一站式购物"对于我们而言不是一个陌生的话题，但是如何在不同的行业当中实现"一站式购物"的做法却不是我们所能轻易理解的。而双 H 房地产服务公司是这样界定其"一站式购物"内涵的，"随着遍布八个州超过 200 个街道办事处为你提供的便利位置，双 H 房地产服务公司为你提供了一个真正独特的房地产经验，它让我们可以步行帮助你完成整个购买或出售的过程，以我们的独家营销和贷款计划从开始到结束为你提供全程的服务"。

下面我们看一下双 H 房地产服务公司"一站式购物"当中的几个重点服务环节,即抵押贷款服务、律师咨询与服务和保险服务,通过针对这几个重点服务环节的介绍我们可以初步感受一下他们公司"一站式购物"的特点,在下面一节我们介绍公司的主要业务和商业模式时还会对这个内容进行大量描述。

1. 抵押贷款服务

作为该地区最大的独立抵押贷款经纪人,双 H 房地产服务公司的抵押贷款服务可以为顾客提供一个完整的选择,这包括各种各样的国家和地方投资者的按揭贷款计划。"作为美国排名第四位的房地产抵押贷款公司,我们可以简化您的家庭购买或再融资交易的过程和手续。"

2. 律师咨询与服务

房地产购买和关闭的过程在一个人的生活当中可能是最大的单一金融交易,所以需要律师的支持和帮助才能更好地完成。

"我们的法律专业知识使我们在产权保险方面成为最主要的专家和这个行业的领导者,我们拥有在错综复杂的家庭购买和销售过程当中提供此类服务的丰富经验。""无论是在搜索公共记录和发行政策以保护业主方面,还是在与代理商完成结账方面,我们的全方位服务机构都可以提供更优质和更快捷的服务来加快这个进程。"

3. 保险服务

双 H 房地产服务公司的保险代理专家覆盖的不仅仅是房地产领域。作为美国排名最大的房地产保险公司,双 H 房地产服务公司可以为客户提供最好的服务,"我们可以通过设计一个定制的保险计划和优选最主要的保险公司以找到对你最有竞争力的价格和覆盖范围"。

除了"一站式购物"和"百分之百的退款保证"以外,双 H 房地产服务公司还有什么特色呢? 这可以通过两个基础性的问题进行回答,第一个问题是为什么要通过双 H 房地产服务公司去卖房,第二个问题是为什么要通过双 H 房地产服务公司去买房。

针对第一个问题,双 H 房地产服务公司的回答是,"我们在美国八个州有办事处,我们是当地的房地产专家,我们可以与你分享家庭购买的经验,并在你附近的房地产市场上为你提供专业的见解。我们的代理可以为你提供有价值的资源和营销计划以确保你的房子可以在合适的房地产市场上出现。作为领先的房地产公司，双 H 房地产服务公司将为你提供无尽的机会来连接你和你潜在的买家"。

针对第二个问题，双 H 房地产服务公司的回答是，"我们在房地产服务方面的目标就是帮助每个人实现"居者有其屋"的美国梦想。我们的房地产服务将有助于每个人从其家庭购买过程中减少不必要的麻烦。我们的房地产经纪人已经掌握了在我们所涵盖社区的房地产市场，以他们的专业知识再搭配上双 H 房地产服务公司的专属贷款计划，将使你买房更容易，负担更轻松"。

7.4 双 H 房地产服务公司的主要业务和商业模式

双 H 房地产服务公司的主要业务除了前面所说的抵押贷款服务、律师咨询与服务和保险服务以外，还包括物业管理、搬迁服务、商业房地产和特许经营几个方面，在每一个业务当中又包括了大量的具体业务细节，这些细节当中的多数业务都可以单独支撑起一个中等规模的企业。

7.4.1 双 H 房地产服务公司的物业管理

第二代企业家 Howard Hanna 和他的儿子 Hoddy Hanna 共同把双 H 房地产服务公司打造成了美国排名第四的房地产服务公司，在各个方面的经营都显得底气十足。有了这种全方位的底气作为保证，它们在物业管理方面提出的口号就是"Let the local real estate leader make property ownership worry-free"，意思就是"让地方龙头房地产公司确保你的物业管理无忧无虑。"

双 H 房地产服务公司现在管理的租赁物业超过 2 800 个，这个部门是该地区最大的也是最成功的。前文中说过，双 H 房地产服务公司的经营领域遍布宾夕法尼亚州、俄亥俄州、弗吉尼亚州、密歇根州、纽约州、西弗吉尼亚州、北卡罗来纳州和马里兰州，其中弗吉尼亚州、北卡罗来纳州、密歇根州、宾夕法尼亚州、俄亥俄州五个州都有它们的物业管理业务，其所管理的物业超过了 4 000 个单元，而且当下正在成倍增长。

"我们是物业管理行业当中的专家，我们最大的客户是独门独户的投资者，其次是住宅、酒店和商业。无论您是寻找租赁还是需要协助管理您的投资，敬请联系我们屡获殊荣的物业管理团队，并让他们全心全意地为你开展工作。"

"双 H 房地产服务公司的专家物业管理团队可以提供一个涵盖所有菜单的专业物业管理服务，我们可以帮助您定制菜单以满足您的设施的独特要求，并且不断地增加您的投资回报率。"

"双 H 房地产服务公司的物业管理超越了租用我们家园的每一个方面，从寻找优秀的租户，到处理维修问题，直至可以获得任何所需项目的投标"。

7.4.2　双 H 房地产服务公司的搬迁服务

我们平常理解的搬迁服务可能就是搬家公司的业务，把一个家庭的所有财产由一个地方搬运到另外一个地方，然后这单生意便算完成。而双 H 房地产服务公司的搬迁服务远没有这么简单，其可以为客户提供的是"从计划离开要离开的地方到开心入住想要迁入的新地方"的"一条龙式服务"。也就是说，屡获殊荣的双 H 房地产服务公司搬迁和业务发展部门可以提供类似搬家公司所提供的那种搬迁服务，它们既可以帮助客户进行本地搬迁也可以帮助客户进行全球移动。但这只是它们公司提供的此类服务的基础性部分，除此之外它们还把业务扩展到了新家庭住宅购买、旧家庭住宅销售、集团移动和城市旅游、租赁援助等方面。为此，双 H 房地产服务公司在搬迁服务方面提出的口号是，"让我们协助你下一步的行动，无论你是搬迁到另一个国家还是另外一个州，我们经验丰富的专业团队和独立的房地产公司和经纪人网络都可以为你提供任何你想要的帮助"。

这里所说的任何你想要的帮助就包括扩展性服务的内容。

在此以国内搬迁为例，双 H 房地产服务公司除了搬迁客户想要搬迁的东西以外，还提供买的服务以及卖的服务。

其中，买的服务是指为客户在新搬入的地区寻找新的住所，并且帮助他们顺利入住。"当你搬迁的时候，找到一个适合你的生活方式的环境是一个挑战。作为美国排名第四的可以全方位服务的房地产公司，从美丽的郊区、城市社区到特定的公寓区，我们都可以帮助你了解你想要知道的所有选择。我们的专业住宅搬迁专家将为您提供报告以方便你深入了解当地的学校、交通、设施，以及更多的可以确保适合你和你的家人舒心居住的其他需要。他们会为你提供一个全方位的房地产服务，包括抵押贷款、所有权、保险和零售服务等。"

卖的服务是指客户想要离开现在的居住地时，双 H 房地产服务公司会帮助客户卖掉现有的住宅。"尽快以合适的价格卖掉你的家需要一个协调一致的努力，尤其在搬家的时候更是如此。在双 H 房地产服务公司我们屡获殊荣的搬迁和业务发展部门可以帮助您和您的家庭满足您所有的搬迁需求。我们专业的搬迁人员可以提供的一些服务包括：评估您国内搬迁的具体需求并最好地满足它们；指定一个特定区域的住宅销售助理以全面地协助你；进行一个独特的和个性化的市场分析；由您的销售助理进行后续行动以确保所有搬迁销售的需求得到充分的满足。"

除了以上各个方面的服务以外，双 H 房地产服务公司还可以实施一个定制的公司搬迁计划。"我们可以定制一个程序以满足您的需求，无论你是一个执行官，是一个家庭，是一个个人，还是高管或退伍军人。我们全方位服务的搬迁和员工计划还可以帮助你招聘候选人，并提供一个员工福利计划。"

如果只是一个企业员工搬迁，双 H 房地产服务公司可以提供这样一些服务，其中在安置新家方面包括：一对一辅导与分析和搬迁相关的需求；分配一个邻近区域的搬迁销售助理；提供一个新手包，内有学校报告和区域信息等；提供按揭服务、结算服务、保险服务和零售服务联盟合作伙伴。在家庭营销和家庭投资方面：分配一个邻近区域的搬迁销售助理；提供经纪人市场分析；制订 90 天营销计划；进入双 H 房地产服务公司的 100%退款保证计划。

如果搬迁的客户迁入新的地方以后不想买房子的话，那么双 H 房地产服务公司还可以提供租赁服务。"初次搬迁新的地方可能不是一个什么舒服的经历。所以有时你会选择租房住而不是买房子，如此我们同样可以帮助你，帮助你找到一个可以出租的房子或公寓。在这个过程当中，我们的租赁搬迁专家可以为你提供一个租赁指南和新的工具包。"

通过以上介绍我们可以感觉到，双 H 房地产服务公司所提供的搬迁服务业务是无所不在的，它可以帮助你卖掉旧房子；它可以帮助你购买新房子；可以帮助你为新房子办理一切手续，同时也可以帮助你为旧房子处理一切后续的事务。此外，它还可以帮助你为新房子进行投资，为你的新家购买保险，帮助你搬完家以后，它还可以帮助你管理物业。如果你不想买房子，它就帮助你租房子，在你想要再次搬家的时候它还会再次帮助你租房子或是购买新的住宅。只要你有与房子或者说是和家相关的需要，而且第一次就联系了双 H 房地产服务公司，那么它就会满足你，它就会在你的身边。你这一辈子想逃是不可能的，想甩开他们也做不到，你只能乖乖地把钱交给他们，然后让其为你打理，为你服务，而且服务得还很好，还会让你很满意，不得不说这样的公司很厉害。这就是我们前面所说的双 H 房地产服务公司的价值观之一，"为每一个客户提供无与伦比的、创新的、全面的房地产服务，并与他们建立一个终身的关系"的秘诀所在。前面我们还曾经分析过，双 H 房地产服务不仅要与你建立终身的关系，而且还会与你的房子、你的孩子也建立终身的关系，只要他们公司还在，双 H 房地产服务为你和你的家人所提供的世世代代的服务就在。

7.4.3　双 H 房地产服务公司的商业房地产

双 H 房地产服务公司的商业房地产事业涵盖范围广泛的服务内容，它们分别是不良资产解决方案、工业租赁和销售、办公室租赁及销售、零售租赁和销售、酒店销售与收购、投资服务、土地服务、房东和房客代表服务、家庭投资和销售、购物中心租赁及销售和现场收购等。双 H 房地产服务公司的商业房地产事业由其旗下两大子公司共同打理。"我们位于俄亥俄州的 Hanna 商业地产办公室（Hanna Commercial Real Estate Office）和位于宾夕法尼亚州的 Hanna Langholz Willson Ellis 办公室可以协助满足你在商业地产方面的任何一种需求。"

其中，位于俄亥俄州的 Hanna 商业地产公司（Hanna Commercial Real Estate）的成立时间甚至还要早于双 H 房地产服务公司，双 H 房地产服务公司的成立时间是 1957 年，而 Hanna 商业地产公司的成立时间是 1939 年。"自 1939 年起，我们一直是商业房地产市场的领导者，成功地为我们的客户提供创新和全面的房地产解决方案。我们以一流的技术和对细节无与伦比的关注为客户提供商业房地产的服务，无论它是郊区一个人的办公室，还是主要城市地区和世界各地的企业总部。"

"无论是克利夫兰的零售空间、工业物业出售或租赁，或他们在处理的办公空间，所有 Hanna 商业地产办公室的客户都可以利用我们广泛的知识，去分析和了解房地产市场的发展和行业趋势。他们还可以利用我们的技能平衡物业所有权目标和租赁租户的期望。Hanna 商业地产办公室的克利夫兰商业物业管理经验，有助于我们迅速解决租赁和销售的挑战，并根据我们详尽的房地产市场分析提供客观的评价和咨询意见。"

"当涉及商业物业管理时，我们的目标是明确的。我们会努力帮助房地产投资者降低他们的经营成本，提高他们的租户占用量和保留率，以最大限度地提高他们财产的价值。"

与 Hanna 商业地产公司进行合作可以为客户带来三大好处。

其中第一个方面的好处就是"收入最大化"。"在 Hanna 商业地产公司，我们不断识别机会以既增加收入同时又可以提高我们管理物业的占用水平。这些努力不仅可以降低租户租赁物业的成本，同时也是吸引优质租户的最佳条件。利用这种组合商业物业管理的方法可以提高物业管理的现金流。你可以借助我们熟练地处理下面这些事情，即租户关系和保留计划、积极的营销策略和租赁努力、租赁准则和谈判、一致的收集程序和租赁管理。"

第二个方面的好处是"提高运营的效率"。"Hanna 商业地产公司的商业物业管理过程，使我们能够控制经营成本，同时提高零售、办公或工业物业的自身状况。这种对细节的关注提高了租户的舒适性和安全性，同时还可以最大限度地提高目前的回报和长期资产价值。我们可以在这个方面提供的解决方案包括预防性维护、大宗购买力、合同管理、房地产税收分析与诉求和培训现场工作人员。"

第三个方面的好处是"技术/财务报告"。"Hanna 商业地产公司致力于在最先进的经纪和评估技术方面进行投资，以提供及时和准确的信息给我们的客户。我们的商业房地产客户需要他们的房地产资产处于最好的位置，借助这些技术不仅可以做到这一点，而且还可以准确地衡量他们的房地产投资业绩。我们采用计算机化维护管理系统管理建设维护和租户的请求。这种技术系统提供了快速和有效的响应租户请求的能力，并确保维护可以定期进行。我们的计算机化的商业物业管理和维护系统可以提供定制化的财务报告，其内容包括有效预算和差异分析、自动化维护与管理、基于 Web 的租户请求系统。"

7.4.4　双 H 房地产服务公司的特许经营

1. 情况介绍和公司 CEO 的相关讲话内容

双 H 房地产服务公司的特许经营可以帮助合作伙伴"利用我们具有独家商标的房地产营销工具来推动你的事业更上一层楼。我们的特许经营合作伙伴关系提供持续的管理支持和更多的线索，并有机会让你充分参与所有的公司计划和活动"。

我们原计划与双 H 房地产服务公司 CEO Hoddy Hanna 进行一次面对面的交流，可是因为他比较忙，所以迟迟不能定下具体的见面时间，后来当他的时间确定了以后我们的时间又不合适，所以最终也没有见上。可是在双 H 房地产服务公司的网站上，我们找到了他的大量的视频讲话，而这些关于双 H 房地产服务公司企业文化和企业发展业务的讲话事实上就是我们准备要与之交流的内容，所以我们并没有因为没见到 Hoddy Hanna 这个企业家就放弃了对这个企业的介绍。另外，双 H 房地产服务公司整体经营和系统运营的成功也确实非常具有特色，这才是我们决心研究双 H 房地产服务公司的主要原因。

以下就是我们取自双 H 房地产服务公司网站上公司 CEO Hoddy Hanna 关于特许经营这个业务的介绍，从中可以看出双 H 房地产服务公司特许经营的特色与已经取得的成果。

他所谈到的大概意思如下："双 H 房地产服务公司所提供的房地产服务是国家承认的作为一个家庭拥有和运营的经纪公司领导者（事实上，这句话我们并没有听太明白，意思好像就是说双 H 房地产服务公司是这个行业的领导者，至于和国家承认是一个什么关系我们真得不是很了解）。双 H 房地产服务公司一直致力于开发、创新以消费者为中心的房地产营销和销售工具，制定独家服务产品和在全国范围内广受好评的培训和学习计划，可以为代理商带来更多的卖家和买家，并乐于与他们一起分享令人满意的和成功的销售与购买经验。作为美国排名第四的房地产公司，双 H 房地产服务公司专注于并致力于全面了解我们所服务的市场，这包括美国整个东部、中西部和大西洋中部地区。

在双 H 房地产服务公司，特许办事处与公司的其他成员是一个完整的团队。特许经营公司可以积极参与双 H 房地产服务公司的所有计划和活动，如招聘、销售培训、搬迁推介、管理研讨会和持续的管理支持和咨询等。很多家庭拥有的公司和经营性房地产公司的合作伙伴之间有着很大的区别，而我们全心全意地相信我们不会那样，我们会努力建立与特许经营伙伴之间紧密的和融洽的合作关系。

对于特许经营合作伙伴，我们会提供未来的管理支持，可以提供更多的业务和人才，但是没有多余的费用和隐性成本，也不需要你支出区域广告基金。

由于我们的特许经营品牌是真正意义上的不同设计，所以在过去的 18 年里双 H 房地产服务公司与各位特许经营合作伙伴成功地实现了 100%的续约率。

特许经营业主可以受益于利用双 H 房地产服务公司的独家商标和房地产营销工具，如双 H 房地产服务公司给予购房者 100%退款的保证等。我们还可以为你提供值得信任的同行，你可以私下与他们讨论房地产相关问题或交易的问题。

相比国家特许经营而言，若与双 H 房地产服务公司进行合作，只会让你每年挣的钱更多，而不是更少。你的收入在第一年就可以大幅增长，而我们将再次拥有和管理另外一家房地产公司的乐趣。

我们邀请你来比较双 H 房地产服务公司的差异来决定我们是否适合你。你会希望你应该早一点做出与我们合作的决定!"

通过视频讲话我们可以看得出，Hoddy Hanna 是一个思想非常敏捷的人，这同时表现在他说话的语速上，这对我们的听力真是一个挑战。幸亏我们对双 H 房地产服务公司提前做了大量的研究，否则这些专业术语还真是听不懂。事实上，在我们针对所有企业家的访谈过程当中，都没有做到百分之百地捕捉信息，也不敢说针对他们的谈话都能正确地理解了意思或是将他们的思想完整地进行了阐述。所以，事后我们又会通过邮件的方式再次或多次地与他们进行沟通。

2. 双 H 房地产服务公司特许经营的不同之处

双 H 房地产服务公司的特许经营有什么与众不同的地方呢。通常来讲，经营模式的不同在于经营信念的不同，双 H 房地产服务公司的特许经营就是深深地植根于一个明确定义的一套不同的信念。这些信念导致了采用特许经营的名称，并引致了双 H 房地产服务公司的四个指导原则，具体如下。

（1）特许经营必须是双 H 房地产服务公司和特许经营的合作伙伴都能负担得起的，这样才可以支持和提高特许经营权所有者的盈利能力。

（2）双 H 房地产服务公司的特许经营必须是无缝的，这样才可以确保所有的特许经营权都包括在的公司所有计划和事件当中，双 H 房地产服务公司和特许经营商彼此都要视对方作为平等的团队成员与合作伙伴。

（3）双 H 房地产服务公司的特许经营必须要提供持续的管理支持，这样才可以协助特许经营权人培训他们的销售团队，并有效实施和促进独家营销工具。

（4）双 H 房地产服务公司的特许经营承诺避免收取公共费用或其他隐性成本。例如，不收取区域广告基金费用，不收取参加公司会议的费用，不收取参加公司一年一度为期两天的管理推进方面的费用，不收取双 H 房地产服务公司快速启动培训计划费用或双 H 房地产服务公司大学在线学习班的费用等。

3. 参加双 H 房地产服务公司特许经营的好处

特许经营合作伙伴加入双 H 房地产服务公司的运营体系可以得到三个方面的好处，介绍这三个方面好处的目的是从中可以看出双 H 房地产服务公司的一些具体工作措施，这些传统的和创新性的做法非常具有借鉴意义。

其中，第一个方面的好处是"无与伦比的市场营销能力"。这种能力又可以分解为以下几个具体的内容。

（1）搬迁网络——"我们无与伦比的搬迁网络可以直接帮助你，帮助你迅速增加你的收入。"

（2）网络营销的力量——"我们建立了美国顶级的房地产网站，它可以为你提供需要的线索和你的信息，而且不会收取转介费用。"

（3）营销自动化工具——"我们更多的有效成本可以帮助你渗透目标社区和市场领域。"

（4）一个巨大的经营网络的力量——"分布在宾夕法尼亚州、俄亥俄州、弗吉尼亚州、密歇根州、纽约州、西弗吉尼亚州、北卡罗来纳州和马里兰州的 200 家办事处和超过 7 000 名的销售人员和工作人员可以成为你的力量网络。"

（5）强大的销售能力——"双 H 房地产服务公司的 100%退款保证可以给你提供一种能力，使你可以吸引更多的卖家，并且找到更有寻求的买家。"

（6）内部强大的信息资源——"我们的内部的'热榜'可以在几秒钟内为你提供关于你的公司房源的重要信息。"

（7）电视广告的力量——"它可以在每个星期都覆盖超过 600 万个潜在观众的地理区域。"

（8）差别化的销售方案——"这个独家计划开发了销售联营公司营销豪华住宅的艺术。"

第二个方面的好处是"招聘、培训和团体保健"，具体如下。

（1）"快速启动"销售培训——"新授权的员工的网上和课堂学习涵盖了房地产的基本知识，它可以帮助你的员工们建立一个工作的基础。"

（2）在线教育——"通过注册获得在网上的课程，可以学习如何保持目前的常规许可和更新的约定。"

（3）高级销售培训——"可以学习高级的教育课程，包括如何成为住宅搬迁专家，如何使用独特的家庭营销，以及如果开展新的建筑销售等。"

（4）企业招聘计划——"我们为特许经营的伙伴提供前瞻性的分析，帮助他们设计公司的全年招聘计划，并把他们的计划纳入企业的整体工作当中进行考虑。"

（5）环游世界——"双 H 房地产服务公司可以提供有趣的和独家的活动，以提高团队的士气，并创造更多的机会让员工们之间可以分享学习和更多的经验。"

（6）团体健康保险——"双 H 房地产服务公司的安全优势组健康保险同时提供给特许经营团队的成员。"

第三方面的好处是"支持和盈利能力"，具体如下。

（1）咨询和支持——"在你的当地市场帮助你获得进入一些行业最聪明的头脑。"

（2）多种形式的帮助——"无论你喜欢电子邮件、电话，或面对面的互动，我们的团队都会以你喜欢的方法确保为你提供最佳的援助。"

（3）保守你的底线——"双 H 房地产服务公司特许经营为人们提供我们认为是最有效的方式来获得成熟的营销工具和创新计划，从而可以帮助你成长并保守你的底线。"

（4）适应不断变化的市场——"利用尖端工具以保持你的团队领先的曲线，同时培育对市场不断变化的适应能力。"